JN241117

東京、なのに島ぐらし

トラベルジャーナリスト
寺田直子
NAOKO TERADA

かもめの本棚

はじめに

２０２０年、伊豆大島《いずおおしま》に住民票を移し、古民家を改修した小さなカフェを営みながら執筆活動をするという、それまでとは大きく変化した生活をスタートしました。58歳のときでした。

結婚したことがなく、子どももなし。両親はすでに看取り、実家じまいも済みました。お世話をするペットもいなければ持ち家もない初老のひとり者。あるのは35年続けてきた「フリーランスの物書き」という肩書のみ。いまさらながらに、なんとも心細い。それでも、どうにかなるかな、と思えたのは不安定なフリーランスでここまでやってこられた経験があったことと、まったく根拠はないけれど、「伊豆大島でなら暮らしていける」と思ったからでした。

それまでの都心での生活を捨てて、離島ぐらしをする――。

友人、知人に話すと、最初は誰もが驚きました。「どうしてまた！」と。でも、私にとって急に思いついたものではなく、だいぶ前から自分の中にあった直感のようなものでした。それに、まわりが思うほど私の中では大きな決断ではなかったのです。今までも、家を借りるときや仕事上での選択で、何気なく決めてきたことが結果として満足のいくものにつながってきました。

「あ、これだな」

そう思ったのが、今回は伊豆大島だったわけです。

伊豆大島には、私を惹きつける何かがある――。それはとても不思議なつながりでした。

伊豆大島は東京都に属する伊豆諸島のひとつ。名前のとおり伊豆諸島で最も大きく、都心から最も近い島です。伊豆半島の沖合に浮かぶ姿は多くの方が知るところでしょう。

船が出る竹芝桟橋から距離にして約１２０キロ。東京から箱根までが約80キロ、熱海なら100キロほどと言えば、伊豆大島の距離感がわかっていただけるでしょうか。つまり、想像よりも遠くない。意外なほど身近な距離にあります。

伊豆大島には20年ほど前から遊びに行っていました。ちょっと仕事に疲れたり、人生の岐路でうじうじと悩んでいたり……。あるいは、徹夜明けで原稿を書き上げた早朝、妙に頭が冴えてそのまま寝るには心身が覚醒していて、しかもその日は何も予定がない……。そんなとき、「あ、じゃあ大島行っちゃおうかな」と、ササッと伊豆諸島をつなぐ東海汽船の時刻表をチェックして高速ジェット船に飛び乗る。伊豆諸島へのゲートウェイである竹芝客船ターミナルへは東京・浜松町から徒歩約7分。熱海便もあり、新幹線「こだま」に乗り、熱海港から行ったこともありました。高速ジェット船で竹芝から約1時間45分。ちょっとリセットやリフレッシュが必要なときに、ふらりと訪れることができる場所。日帰りでも雄大な自然とゆるやかな島時間に触れてスッキリと気分転換ができる環境。私にとって伊豆大島はお気軽にストレス解消ができる、とっておきの存在だったのです。

◀ 伊豆大島・岡田港を見下ろす「港の見える丘」からは伊豆半島と富士山が見える

伊豆大島に通うようになったきっかけは、私が生まれ育った東京・調布市から飛行機で行けるのだと知ったことからでした。新中央航空による19人乗りのドルニエ機が調布飛行場から大島まで運航。なんと所要時間はたった25分です。大島以外にも新島、神津島、三宅島に飛んでいますが、大島まで30分弱のフライトという利便性は突出しています。わが実家は調布飛行場からタクシーで10分程度。大島の空港を出発してほぼ40分後には家に着いているという近さ。さっきまでビーチサンダルで潮風を受けていたのに、今はもう都内の家にいる。そんなワープ感がたまらなく刺激的で大島行きを加速させ、何度も通うことになったのでした。友人や知人、仕事先などにもことあるごとに「伊豆大島は面白いよ!」と言っていたので、いつしか「伊豆大島が好きなライター」としてじわりじわりと認知もされていきました。

伊豆大島の魅力は、冒頭でも書いたように「都心から近いのに島時間を濃厚に感じる」一点に尽きます。

飛行機でも高速ジェット船でも、島に降り立つと空の広さと山の緑が一気に目に飛び込み、その雄大さには毎回、心の中で叫ぶほどです。温泉もあれば、誰もいないビーチもある。相模灘の対岸には伊豆半島、晴れていれば富士山も望みます。「椿まつり」でにぎわう2、3月は、満開のツバキやオオシマザクラを愛でることも。そして、ススキでおおわれた秋の三原山や、透き通った冬枯れの世界も泣きたくなるほど美しい。

最初はコンビニエンスストアがないことにも驚きました。

「ここも東京なのに」

都内なので、地元の車は東京運輸支局が管轄。みんな品川ナンバーです。それもなんだか不思議で面白い。ゆるりと島時間に触れる感覚に魅了されるうちに、顔見知りの店や島の人たちとの交流も生まれ、少しずつ島の暮らしになじんでいくことが楽しくて、うれしくて――。

こうして、飛び切りのお楽しみを覚えた私の伊豆大島通いが始まったのでした。

1962年生まれ、そして独身。50歳を過ぎたころから、ぼんやりとこれから先、ひとりで生きていく方向を考えるようになっていました。

27歳でフリーランスのライターとして物書き人生をスタートし、トラベルジャーナリストとしてはトータル25年ほど。ありがたいことに仕事として国内外のさまざまな場所を取材し、何冊もの書籍を出版することがかないました。60歳を過ぎた今もやりがいある仕事だと思っています。

それでも、旅するジャーナリストはフットワークがあってこその職業。加齢による体力の衰えは日々、実感します。ある程度はジャーナリストの仕事をやり遂げた気持ちも出てきていて、次の世代に自分のいる位置を譲っていくのは先にいる者の役目のようにも感じ始めていました。定年のある会社員と異なり、フリーランスは仕事の辞めどきを自分で決める必要があります。「死ぬまで現役」と、ずっと続けていくことも考えましたが、それは現実的に思えませんでした。無理だと感じるようになったらいさぎよく辞めよう――。オールオアナッシング（イエスかノーか）。ずるずる続けるのは私のスタイルではありませんでした。

そんなことを日々、思っているうちに伊豆大島で出会ったのが、現在、カフェを営み、私が暮らす古民家です。２０１８年2月のことでした。

◀ ハブカフェ（左）がある中通りの夜景

場所は伊豆大島の南部に位置する波浮港《はぶみなと》。「あ、あの家だわ」とピンとくるほど何度も前を通っていた場所に、それはありました。築80年超えともいわれ、20年以上、人が住んでいなかった家は、外も中も全く手入れがされていない空き家状態。改修しないと住めない古い物件なのは一目瞭然でした。それでもこの家が私にとって新しい方向性を与えてくれる、生まれ変わることができる何かがあるという縁のようなものを感じました。

それから購入までの決断は、速いものでした。手に入れたのは新型コロナウイルス感染症が世界中で広がる直前のこと。そのときは20年近く拠点としていた都心の部屋と行き来する、いわゆる「デュアルライフ(二拠点生活)」をしようと想定していました。それが、世界的な新型コロナ禍での混沌とした状況で仕事は激減。トラベルジャーナリスト人生でも初めての取材ゼロというまさかの事態にも見舞われました。そこで、島での新しいチャレンジに集中することを決意。長年住み慣れた思い出の多い都心の部屋を解約し、伊豆大島に拠点を移すことに決めました。

長年ずっと通ってきたとはいえ、暮らすとなるとまだまだわからないこと、知らないことばかりの伊豆大島ぐらし。ご近所さんや島の友人たちに支えてもらう日々です。本書では、そんな東京都の島ぐらしと、カフェを運営するまでの経緯とノウハウ、そして私を支えてくれる自然、島の人々などにフォーカスしてご紹介したいと思います。

そうそう、カフェの名前はHav Cafe。「ハブカフェ」と呼びます。店が位置する波浮港にかけていますが、もうひとつ。デンマーク語でHavは「海」を意味します。目の前に港が広がる場所にできた小さなカフェにふさわしい店名だと思っています。

伊豆大島と波浮港

伊豆大島へのアクセス
調布飛行場
竹芝
羽田空港
熱海
下田
伊豆大島
利島
新島
式根島
神津島
三宅島
御蔵島
八丈島
青ヶ島
飛行機
調布飛行場 飛行機（小型）最短 25 分
船
東京竹芝 高速ジェット船 最短1時間45分
大型船（夜行）最短6時間
熱海 高速ジェット船 最短45分
ヘリコプター
N
W
E
S
波浮港
Hav Cafe
中通り
波浮港見晴台

岡田港
大島空港
港の見える丘
都立大島公園の椿園
椿花ガーデン
都立大島高校
元町港
裏砂漠
三原山
大島一周道路
（全長約46・6キロ）
筆島
地層大切断面
波浮港
都立大島海洋国際高校

CONTENTS

目次

第一章　人生の転機、そして島へ

古民家を手に入れる

朝5時半。

目覚ましのアラームは6時半にセットしているけれど、鳴らなくてもほぼ毎日その時間に目が覚めます。夏場ならすでに外は明るくなっています。私の住む古民家から海までは、歩いて30歩。港の朝は早いもので、海に出る漁船や大型の貨物船が出航するなど、すでに慌ただしく動き出しています。

しばらく布団の中でうとうとしつつも、スマートフォンを手に取りおもむろにするのが船の「本日の運航状況」チェック。出航か欠航か発表されるのが毎朝6時。さらに伊豆大島には船が到着する港が2つあり、天候状況によりどちらになるか決まるのが朝7時前後。おそらく島民の多くは毎朝、欠かさずこの2つをチェックするはずです。風速や風向きに特化した風予報アプリも欠かせません。ときに恐ろしいほどの強風が吹く伊豆大島では、雨よりも風予報のほうが重要だったりします。朝のうちはおだやかだったのに午後から荒天になるのはよくあること。風や天候を事前に確認することでその日の行動、服装などを整え、備えます。これが大事。

都心で暮らしていればテレビから天気予報や交通状況、さらに洗濯指数に紫外線指数、花粉の飛散状況など必要な情報が流れてきます。でも、島ではこちらから情報を取りに行かないと何もわかりません。その日、どういう行動をするべきか。自ら収集した情報と周囲の環境を観察しながら決めていくことが必要なので、日々、自然環境を意識する視点が芽生えてきます。

シャワーを浴びてコーヒーを飲んだら、階下に降りていきます。

1階は私がワンオペで切り盛りするハブカフェの店舗です。店内の照明を点け、エスプレッソマシンの電源をオンにして開店の準備を始めます。このときに先ほどチェックした船の運航状況がいきてきます。万が一、欠航となれば島に来る観光客はゼロ。カフェの来客数にも間違いなく影響するので、それを見越して仕込みを進めていきます。フロアを掃き、入り口のガラスを磨いていると車で出勤するご近所さんが通りかかり、「今日は寒いねぇ」「いってらっしゃい！」とひと言ふた言、朝のあいさつ。ハブカフェがある中通りと呼ばれる昭和レトロなひなびた通りには40人程度しか暮らしていないので、誰もが顔見知り。都心のマンションにいたころは、お隣さんもお向かいさんも知らないままにいたことが今となっては不思議に思えてきます。

私が伊豆大島への移住とカフェを始めようと決めたのは、なんといってもこの古民家の存在があったからでした。この家が売りに出ていなかったらもしかすると伊豆大島には住んでいなかったかもしれません。しかも本当にタイミングと運に恵まれて譲ってもらうことができた物件。今でもしみじみ、この家とご縁があったのだと思っています。

50歳を過ぎたころから今後のことを考えるようになったことは前述しましたが、その時点では少し介護が必要になってきた父親が暮らす東京・調布の実家と、都心の市ヶ谷に借りていた仕事部屋とを行ったり来たりしながら、毎月、国内や海外に取材で出かけるという日常でした。月の半分は仕事部屋を使っていない状況で、よく仕事仲間からは「家賃がもったいない」と言われていました。でも、父のいる実家とは違い自分だけの時間が確保できる空間は、私にとって欠かせないもの。執筆に集中するためにも不可欠でした。

市ヶ谷から飯田橋に至るお濠沿いのマンションの7階の角部屋は、春には眼下に広がるソメイヨシノの桜並木を望む抜群のロケーション。20年近く住んでいたのでなじみのバーや飲食店もあり、仕事先の出版社やプロダクションも近い。いつもの風景、いつもの通り道。心地のいいいなんでもない日常に満足させてくれる、そんなお気に入りの場所でした。ワンルームで家賃は当時、月12万円。でも、ずっとここに住むことは現実的ではないとも思っていました。仕事（収入）がなくなれば年間にして150万円ほどの家賃を払い続けていくのは厳しい。仕事がこの先、減っていく、あるいは減らしていくのであれば、暮らし方もダウンサイジングする必要があります。その思いがずっと心の奥底にありました。

そのころからネットで不動産の物件をチェックするようになりました。取材で地方に行くと空き家や古民家が気になり、時間があると地元の不動産のウィンドウに貼られている物件の間取りを見てはどんな暮らしになるか脳内シミュレーションをする。仕事がら、ホテルの部屋の間取りを見る機会も多く、どのくらいのスケール感でどんな空間かを見分けるのは得意なほうです。「なるほど、これはこんな感じなのね」「この動線はちょっと使いづらいかなぁ」と本気で購入するわけではないけれど、これを手に入れたらどうなるか、この地域で暮らしたらどういう日常になるか、旅に出るには大変だろうか、などなど。そんな妄想をあれこれ巡らせては楽しむようになっていきました。お気に入りの物件サイトもいくつかあり、夜寝る前などちょこちょこのぞいては新着物件や値段の安い物件などをくまなくチェックすることが日課に。実はこれは今でも続いています。もう趣味の一種というより、習慣ですね。

そんな中で出会ったのが、波浮港の古民家でした。ネットで見つけたとき、私がいた場所はメキシコで、しかも真夜中のこと。実にドラマチックなタイミングでした。

2018年2月、私は旅雑誌の仕事でメキシコを取材中でした。場所はコロニアルな建物と先住民族が多く暮らす、メキシコでも最もメキシコらしいと称される世界遺産都市の古都オアハカ。

日本とメキシコの時差はマイナス14時間。海外旅行で体験された方も多いと思いますが、日付変更線を越える旅でやっかいなのが時差ボケ。このときもメキシコに到着して数日はどうしても真夜中に目が覚めてしまいました。「ああ、またか」とふわっと目が覚めてしまったのは2月4日、日曜日の朝4時ごろだったと記憶しています。日本は19時ごろ。ここからがつらい。もう一度眠るには中途半端な時間で、外はまだ暗い様子。やれやれと今日の取材スケジュールを考えながらオアハカの小さなホテルのベッドで横になったままスマートフォンを手に取り、日本のニュースやメールを見始めました。そんな中で何気なく、いつもの習慣でお気に入りに登録していた物件サイトをクリックすると、しばらく更新されていなかった画面に新しい物件情報が出ているではないですか。見ていたのは、伊豆大島の空き家を譲りたい人と手に入れたい人をマッチングさせるサイト「シマラボ」でした。大島在住の方が運営するもので当時、サイトはスタートしたばかり。掲載物件数こそ少なかったのですが、伊豆大島に特化していることでよくのぞいていたサイトです。おもむろにベッドに起き上がり、眠気が一気に吹き飛びました。

「この家、知ってる！」

それが伊豆大島の南部、波浮港にある古い家でした。もともと波浮港は何度も訪ねている大好きな場所。画像を見たときに、「あそこの家だ！」とすぐわかりました。以前、島の友人たちと通りを歩きながら、「このあたりにカフェがあればいいよねぇ。この家とかピッタリじゃない？」と話していた、まさにその家が売り物件として出ていたのです。値段は家屋・土地付きで当時50万円。ものすごく安い。でも掲載されている家の中の写真を見ると、ずっと物置スペースになっていたようで荷物が雑多に置いてあり、一部の木造の床は崩れていて歩くのも危険そう。屋根や床の状態も写真からはわかりません。情報欄にも「柱・床・外壁・屋根などオールリフォームが必要な物件となります。すぐには住めません」と書かれています。なるほど。これはかなり手ごわそうです。それでも、すっかりベッドで覚醒した私には、この物件が自分のこれからの人生に何か新しい方向性を与えてくれるという確信に近い感情が湧き起こるのを抑えることができませんでした。理由なんてありません。その場でサイトの問い合わせに、「購入を希望」と物件を見ることもないまま大胆にもメールを送信。しばらくすると返信があり、こんな風に書かれていました。

「はじめまして。お問い合わせありがとうございます。波浮港の物件ですが、非常に古い物件になりますので、一度ご覧になっていただいてから判断していただくのがよろしいかと思います。ご覧になる場合にはご一報いただければと思います」

私としては見なくてもとりあえず手に入れたいという前のめりな衝動に突き動かされていたので、メキシコから帰ったらすぐに伊豆大島に行って内覧したいと瞬時に伝えました。すると……。

「現在、大島に移住された方が購入を検討されています。その方は、今週末にご主人が来島されるので、そこで返答したいと言われています。こちらの物件は、実際改修がどれくらいかかるのか全く想像のつかない物件なので、内覧をしない上での、ご購入決定はお勧めできません（あくまで現状渡しなので、購入後のトラブルを回避したいため）。先約次第となってしまい、別の方で決まってしまった場合には申し訳ありません」

先約があると聞き、出鼻をくじかれましたが、私はメキシコにいるわけですぐに内覧をすることは不可能です。先に購入者が決まってしまったらそれはご縁がなかったということ。ダメなときはどんなにがんばってもダメなものだと、長年の経験でわかっていました。そこでやや冷静さを取り戻し、「では、先約の方の結論を待ちます。決まってしまったら残念ですがあきらめます」と返信。とりあえず、その場でやれることはやったので、あとは先に興味を持たれたそのご夫婦がどう判断するか次第です。ぐずぐず悩んでもしょうがない。いったんこの件は忘れ、その後はメキシコ取材に注力することにしたのでした。

それから3日後の2月7日早朝。メキシコ取材も滞りなく進み、いよいよ明日は帰国というところでメールをチェックしていると、シマラボから新しいメールの着信がありました。日本時間は7日の22時過ぎ。

「先約のご主人のご来島がお仕事のため来週になりました。どうされますか? 先方も先に決めた方次第ということはわかっていらっしゃいます」

瞬間、頭の中で帰国のタイミングとその後のスケジュールが駆け巡ります。明日、メキシコシティからの直行便で一気に日付変更線を飛び越えれば8日の朝には日本に戻ります。あさってならなんとか仕事の合間をぬってトンボ返りで大島に行ける!

すぐに私はこう返信しました。

「9日、朝のフライトで大島に行けそうです。伺って中を見ても構いませんでしょうか」

メールを送ったら、これまでの旅経験で培った機動力をフルスロットルで発揮です。取材の合間にオンラインで大島行きのフライト、レンタカーなどを予約していきます。当日のお天気チェックも欠かせません。悪天候で交通機関が欠航になれば島に行けないだけではなく、戻れないこともあるからです。翌日からのスケジュールはすでに埋まっているのでリスクを避けることも重要です。

その後の展開はあっという間でした。無事、日本へ戻り、翌日には調布飛行場から朝一番の飛行機で大島に到着。レンタカーでそのまま波浮港へ直行です。一昨日まで取材に追われたカラフルで異国情緒あふれるメキシコとはまるっきり異なる静かな波浮港の風景。この数日のテンションの高さをゆっくりとなだめてくれるようで目と心に染み入ります。

やっぱりこの風景が大好きだ——。

その家は、思っていた場所に写真で見たとおりのたたずまいで出迎えてくれました。物件の入り口は開いているので好きに内覧してください、と言われていたので中へするりと入る。電気は通っていないようで自然光の中で見渡します。写真で見ていたので確認作業のようなもの。たしかに老朽化、破損などがひどいし、荷物も多い。スリッパがあったので靴をぬぎ、それをはいて2階へ。部屋の畳はへこみ、古い和ダンスや流し台などに加えて昔、よく見かけた木製の茶箱がざっと数えて数十ほどある。ホコリや虫の死骸をかぶっているので触るのはちょっと躊躇するほど。処分するにしても大ごとだろう。でも、それらはここで暮らしていた人たちの記憶であり、歴史なのだとふと考える。決してゴミなんかではない。2階の柱にはかつての家の子どもたちが背の高さを計った刻み目が残されていました。家のぬくもりを感じた瞬間でした。

「ここなら大丈夫」

ひととおり中を見て家の外へ出る。2月の太陽がまぶしく、きらきらと波浮港の通りを照らしています。振り返り、20年近く誰も住んでいなかった家を見上げ、私はポケットからケータイを取り出してシマラボの担当者に電話をかけました。

「購入します」

2018年2月9日、午前10時48分のことでした。

カフェの名前はハブカフェ（Hav Cafe）

さて、家を手に入れたもののこの先、どうするか。

２０１８年はまだ新型コロナ感染症の拡大前でした。家の情報を知った2月のメキシコ取材後も、ニューヨーク、ネパール、香港、フィジー、フランス、インドネシア、ドイツ、タヒチ&イースター島、メキシコにコロンビアと、ほぼ毎月、海外へ出かけ、国内取材にも飛び回るという忙しさ。それでも漠然と考えていた今後の生き方に、古民家というリアルな存在が加わったことで考えに輪郭が出てきました。

すぐにではなくても伊豆大島を拠点にしたい。大好きな波浮港の魅力を現地から発信したい。そのためにはどんな家であるべきか。自分はどんなスタイルの島ぐらしをしたいのか。そこにはトラベルジャーナリストをゆるやかにリタイアしていったあと、どうやって食べていくかも含まれます。結婚もしていない独身の60歳間近の女性として収入を継続すること。それは最も大事なことです。

実は古民家を手に入れるきっかけのひとつになったことがありました。物件を見つけた２０１８年２月から半年間、私は校正者養成スクールに通うことになっていました。

歳を取り、フットワークがにぶってきたら世界中を飛び回るトラベルジャーナリストの仕事はできなくなります。そうなったときでも好きな活字に関わっていけることはなんだろうか。その答えが校正者でした。

校正者とは本や雑誌が世に出る前に言葉や文章、内容の正確さをチェックする仕事です。フリーランスでやっている方も多く、出版社に委託されて通う場合もあれば、単発で依頼を受けて自宅で作業する在宅も可能。身体は弱っても頭がボケていなければ歳を取ってもできる仕事です。しかも愛する書籍や雑誌、活字と関われるのだからこれほど自分に合った仕事もありません。独立する前は都内の編集プロダクションにいたり、ガイドブック製作のプロデュースに携わっていたこともあり、編集と校正には多少の知識があります。ひとりでコツコツと細かい作業をするのも嫌いではありません。そう考えて２０１７年の夏に翌年の養成コースを申し込んでいた矢先のタイミングで古民家の購入というハプニングが舞い込んできたのですから、これは奇遇というか私の「これから」の何かを示唆していると思わないわけにはいきませんでした。いつかは「古民家で校正」という、この先の新しい人生の方向性がにわかに立ち上がってきました。では、伊豆大島に移り住んだ私に絶対、必要なものは何だろう。
答えは決まっていました。コーヒーです。

私の人生にとってコーヒーは欠かせない最も大切な存在。一日の始まりも毎朝、自ら淹れるコーヒーが必須。事務所で執筆する際には平均7~8杯は飲むでしょうか。2、3種類の豆を常備し、その日の気分で選びます。旅先では小さな焙煎ショップがあれば気になる豆を購入し、ステキなカフェがあればおじゃまする。もちろんホテル滞在時も朝のコーヒータイムはマスト。とにかく「ノーコーヒー、ノーライフ」。そんな私ですから美味しいコーヒーがなくては島ぐらしはできません。今では伊豆大島にも自家焙煎のショップや美味しいコーヒーを淹れる喫茶店がありとても助かっていますが、当時はコーヒー豆を選び、淹れ方にこだわるといったところまでは期待できませんでした。

「カフェをやろう」

そう思ったのは自然なことでした。コーヒー好きな自分のための場所であることも大事でしたが、当時、古民家がある波浮港にはカフェが1軒もなかったことも決め手でした。観光客として歩きながら、「この昭和レトロな空間で美味しいコーヒーが飲める場所があればなぁ」といつも考えていましたが、それを実現させるチャンスです。

波浮港はガイドブックに載っている名所スポットです。観光客の多くは古い昭和の街並みを求めて訪れます。手に入れた古民家の目の前には島の中心地・元町とをつなぐバスの停留所があり、集客もそれなりに見込めそうです。それになんといっても競合がいないことが大きな点でした。波浮港でオンリーワンのカフェであれば自分ひとりでやっていく程度には商売として成り立つのではないだろうか。校正も儲かる職業ではないので、それだけでは食べていくのは厳しいですが、カフェも運営しつつ、傍ら校正の仕事もしていく。トラベルジャーナリストからの第二の人生は、2つの歯車があれば、なんとか生きていける。これもまた、直感のような確信に近い思いに至るまで、そう時間はかかりませんでした。

２０１８年は、古民家との出会い、校正者養成スクール通いという大きな転機を迎え、にわかに慌ただしくなっていきました。海外や国内取材も精力的に行い、その間に伊豆大島に行っては移住の準備もしながら校正スクール通い。授業が月曜日から木曜日だったので取材を金曜日から日曜日に入れるといった調整は少し面倒でしたが、いろいろな思いを持って受講する仲間の皆さんと一緒に学ぶことの喜びは、想像以上に刺激的で満足するものでした。わかっていると思っていた編集や校正について基本をしっかり学ぶことも発見と学習の面白さを加速させてくれ、半年間、ほぼ欠席することなく集中して取り組むことができました。現在もありがたいことにトラベルジャーナリストとして活動しているので、校正者として仕事をもらうことはしていませんが、今後、ジャーナリストを退いたりできなくなったときに稼ぐすべがあるというのは精神的にとても強い支えになっています。

「はじめに」でも書きましたが、カフェの名前はHav Cafe。「ハブカフェ」と決めました。波浮港にかけていますが、もうひとつの意味が隠されています。Havはデンマーク語で「海」を意味します。

店名が決まったのは開業間際。伊豆大島のおじいちゃんやおばあちゃんたちお年寄りにも覚えてもらえるシンプルなものがいいなと思い、それまでいろいろ考えていたのですが、ピンとくるものがなかなか見つかりませんでした。最初に思いついたのはHubカフェ。いろんなことの中心（ハブ）に

なる場所という意味になります。ただ、ネット検索すると有名な英国パブのチェーン店がトップに出てくるのと、すでに同名のカフェやコワーキングスペースがあり断念。それに当たり前すぎてちょっとつまらない。その後、店名選びはしばらく放置していたのですが、そろそろ開業届も出さないと、という状況になりあれこれとネットで探ったり考えたりしていたときに、Havという言葉に気づきました。

そこから検索すると、デンマークの名門ブランド「ロイヤル・コペンハーゲン」のサイトにHavという名前のコレクションがあり、説明に「Havは、デンマーク語で『海』を意味します」と書かれていました。これだ！　まさに求めていた答えが降りてきた瞬間でした。デンマークは大学生時代、私が初めて海外に行った渡航先のひとつ。好きな国のひとつでもあります。Hav Cafeで検索すると唯一、ヒットしたのがキューバにあるカフェ。これならかぶることもなさそうです。キューバも好きな国だし、いいんじゃない？　ということで決定。ハブカフェの誕生です。

手放す勇気

伊豆大島に引っ越して執筆稼業の傍らカフェの営業を始めるというと、「スゴイね！勇気あるなぁ」「よく思い切りましたね」と友人や知人、仕事関係の方々に驚かれたり、感心されたり。本人はそれほど大ごとだとは思っていないので、そんなリアクションの多さに逆にこちらが驚きました。なぜそう思うのか不思議でもありますが、わからなくもない。みんな何かしら現状に不満や、あるいは今よりもちょっと楽になったり、楽しくなったり、つまりはベターライフにつながるきっかけをどこかで求めているのではないかと思ったのです。現状を打破するために仕事を変えたり、居場所を変えたりすることは誰もが最初に考えること。海外に留学する、海外で暮らすというのもよくありそうです。でも、頭ではいろいろ考えるけれど、実行するまでは至らない人が多いのではないでしょうか。仕事を変えて失敗したらどうしよう。暮らす場所を変えるのにはお金もかかるし、そこまでしてうまくいかなかったらどうしよう。そうなったら大変だから不満はあるけれど現状維持で我慢するか——。悩みは深く、尽きません。

でも、新しい方向性の人生に賭ける人も少なからずいるはず。私もそのひとりでしょう。違いは、手放す勇気があるかどうかだと思っています。

人生は当然、一人ひとり違うものですが、、新しい生き方のために行動する人と、留まる人との違いは「守るもの」があるかどうかだと思います。

守るものとは、家族だったり収入だったり、便利な生活環境だったり職場でのポジションだったり。それぞれ違いはあるけれど、今の暮らしを変えることで影響が生じる存在が「守るもの」であり、自分自身にとって大きな存在であればあるほど、そこには重みが生まれ、今の暮らしや仕事を変えてまで新しい人生のやりがいにチャレンジできるのか、決断が難しくなるのではないでしょうか。

私の場合、「守るもの」はほとんどありませんでした。伴侶や子どももなく、両親はすでに他界。実家も処分し、持ち家もなければ、ローンもない。トラベルジャーナリストという職業も東京にいなければできないものでもないですから、明日からいなくなってもおそらく誰も困らない。つまり、誰に対しても責任はなく、自分自身のことだけを考えて行動すればいいので、実に自由で気楽です。

逆に、「守るもの」がないということは、誰からも「守られる存在」でもないということでもあります。すべての決断は自分のことだけを考えて決めればいいのですが、何かあった際には誰も手を差し伸べてくれません。すべては自分で解決しなければならない——自由とはそういうものです。

もちろん私も、慣れ親しんだ環境から一気に離島ぐらしになるわけですから、まったく悩まず何も考えなかったわけではありません。カフェを始めても自分ひとりでやれるのか。お客さまがあまり来なくて赤字だらけだったらどうしようか。伊豆大島に引っ込んだことで物書きとしての仕事依頼が減ったらどうしようか。あれこれ悩み始めると不安要素がむくむくと湧き上がり、気持ちが落ち込んでいくことも。折しも当時、社会は新型コロナウイルスの感染が急拡大しており、それに共鳴するようにすでに予定していた海外や国内の取材がことごとく中止・延期になっていきました。

でも、この危機感は私の手放す勇気を加速させる一因にもなりました。遅かれ早かれ年齢を重ねていけば今のような取材量をこなす自信もなくなります。さらにもっとギャラの低い若手に需要が移り、仕事が先細りするだろうことはうっすらと感じてもいました。元気に働けて、ある程度収入もある今こそ、何かアクションを起こすタイミングではないか。

まさに、手放す勇気を持った瞬間でした。

では、それまでの環境を手放す決断をしたあと、新しく何が来るのだろうか。手放したものの代わりに何を組み込んでいけばいいのだろうか。私は自然とそう思考するようになりました。

まず、最も大事なのが収入です。それまでトラベルジャーナリストという仕事一本で稼いできたものを、カフェ営業というもうひとつの職業と両立させることになるので、まずはそのバランスを考えました。

最初に計算したのが島でひとりぐらしをした場合、年間いくら必要になるのか。光熱費、インターネット代、各種保険料、食費など。車は島ぐらしに欠かせないのでその維持費も必要です。逆にそれまで支払ってきた事務所兼住宅の賃貸料が不要になること、都心にいたころはひんぱんに活用していたタクシー代がほぼなくなったことは、手放したことによって生じたうれしいプラス要素でした。

次に、カフェの営業をどのくらいのペースにするか。最終的に週4日に決めたのには、根拠があります。それは、3日間あれば国内取材にも出られるという考えがあったから。高速ジェット船に乗って1時間45分で竹芝桟橋に着けば、東京駅まではタクシーでおよそ10分。時間に余裕があれば東京都が試験的に運行している無料の水素バスが竹芝から東京駅丸の内口を巡回しているので、それを利用することもできます。羽田空港へも竹芝から浜松町へ徒歩で移動して空港モノレールを利用すれば約30分。島を出たその日のうちに日本各地に行くことができます。帰りは夜出発する大型船に乗れば翌朝6時に伊豆大島に戻ってくることができます。これぞ、伊豆大島ぐらし最大の強みです。船の料金は島民割引が適用され、高速ジェット船で片道約6000円

（シーズン、船の種類、等級によって変動）。往復1万円超えとなりなかなかの出費ですが、せいぜい月に1～2往復するくらいですから、都心でタクシーを使っていた出費を考えれば相殺されます。

執筆作業のスペースは定休日のカフェ店内。来店のお客さま用にカウンターには複数の電源を設けてありますし、ネット環境も完備しているのでオンライン会議も問題なくできます。美味しいコーヒーを淹れる設備も当然、整っているので仕事場として完璧です。実際にカフェ開店後は店内からラ

ジオ番組にも出演しましたし、テレビのワイドショーにも出演するジャーナリストの友人が来島したときはカウンターから生放送したこともあります。東京都が行っている「東京宝島」という伊豆諸島を活性化するプロジェクトのオンラインミーティングも店内から発信。このようにネット環境が整っていることで、まったく不自由なく島外、さらには世界ともつながることができるわけです。

一方で、それまでの環境を手放したことで失ったと思えることがひとつあります。それまでお声がけがあると可能な限り参加していたホテルや観光局、エアラインからの記者発表会や新規オープン内覧会、メディア懇親会などにひんぱんに行けなくなったことです。こうした場はその後の取材などに必要な人脈をつくってくれるもので、フリーランスにとっては一種の「営業」のようなもの。会ってあいさつし、名刺交換をすることで顔を覚えてもらい、どんな媒体でどのような記事を書いているのか知ってもらいます。一流ホテルやレストラン、エアラインなどからお誘いいただける人間は限られているので、ジャーナリストとしてのステイタスにもなります。私も長い時間をかけて、そういった業界関係者とつながってきました。

最初は、これまで築いてきたそうしたステイタスを失うことに不安がありました。でも、しばらくすると、「顔を出して覚えてもらうことにどれだけの意味があるの？」と思うようになりました。ご招待を受けることで自分が偉くなったと錯覚していただけではないか——。本気で取材したい対象ならば、必要なときに直接、コンタクトをすればいいだけのこと。そう考えると、気持ちが吹っ切れました。

それからは、「これは絶対、欠席できない！」と思う案件のみ参加させていただく、ちょっとわがままな対応をすることにしています。カフェ営業日はよほどの事情がない限り臨時休業にしたくないので基本的にお断りしますが、オンライン参加ができる場合は極力、オンラインで。このように案件を厳選することで、よりクリアに自分の仕事の方向性や書きたいテーマが絞られてきたように感じています。私が欠席したことで、おそらくそのスペースは後輩のフリーランスたちに回っていくはず。彼らに次のステージを譲ることも好ましく思っています。手放したことで思いがけず視界が開け、仕事の方向性がよりはっきりとしてきたことは、想定外の収穫でもありました。

初めての不動産契約にじたばた

さて、50歳を過ぎて初めて古民家を買うことになったものの、まったく何をしていいのかさっぱりわからない。まずは物件の売買にあたり名義変更をする手続きから始めることになり、仲介をしてくれたシマラボが当時の持ち主Tさんとの間に入って手続きを進めてくれました。

私がやることは以下のとおり（シマラボからのメールの抜粋）。

①不動産名義変更の決定
不動産名義変更を自分で法務局へ行き手続きをするか、あるいは司法書士に依頼するかを決める。自分でやれば手数料など必要諸経費で済むメリッ

トがあるが、印鑑証明書(売主・買主の両方必要)、登記識別情報、住民票、固定資産評価証明書など必要書類を集める手間ひまがかかる。司法書士に依頼すれば最低限必要な書類を集めて渡せばいいのだが報酬が派生する。

※当時の私は海外取材など当面のスケジュールが詰まっていたので、スムーズな売買成立を優先して伊豆大島にいる司法書士をシマラボに紹介してもらうことにしました。その時点で資料の取り寄せや作成に約2週間かかるとのことでした。

②契約日の決定
司法書士による資料作成後、売主との売買契約を締結する日時を決める。

売主から登記済証(権利書)と引き換えに買主が購入金額を渡すことで契約が成立する。

※物件購入の意志を電話で告げてから約１カ月後の２０１８年３月16日に決まりました。

購入金額は土地・建物で50万円。ありがたいことに売主さん側から５万円の値引きが提示されたので45万円となりました。

以下は不動産購入で支払った内容です。

物件売買価格　45万円
シマラボ手数料　15万円＋消費税１万２０００円＝16万２０００円
司法書士への報酬　７万３３２０円
合計　68万５３２０円

45万円という価格は改修必須の古民家とはいえ、土地付きの家を買う値段としては破格だと思いました。ましてや、いちおう東京都です。

その後、伊豆大島の空き家ウォッチャーとしてシマラボのサイトをのぞくようになった私は、45万円という料金は公示価格の値段とほぼ同じものだということを知りました。実際、登記終了後に交付された登記完了証の課税価格は土地が30万5０００円、建物が9万6０００円の計40万1０００円。前の持ち主のTさんがとても良心的な値段で手渡してくれたことがわかります。Tさんとは、その後も仲よくお付き合いさせてもらっていますが、そんなお人柄あってのご縁だと思っています。

今回の私の事例のように、買いやすい料金で譲ってもらえると買い手側がその後の改修費用(私の場合はカフェ開業のための設備など)に充当できるので本当にありがたいですし、何か始めたい、地方移住したいと考える若い世代がチャレンジするきっかけにもなると感じています。実際、私がメキシコでシマラボのサイトを見て即決したのもこの金額だからでした。古民家は解体するにしても費用がかかります。家財道具などがそっくり残っていると粗大ゴミの回収だけでも業者に依頼するとかなりの金額になります。売って少しでも手元に残したい気持ちは理解しますが、解体やゴミ出しの費用がかからず手放せると割り切って新しい買い手にゆだねることも、空き家・老朽化した実家じまいの方法としてスマートだと実感しました。

そして、いよいよ迎えた契約日の２０１８年3月16日。日帰りで伊豆大島に向かいました。

竹芝桟橋を朝８時35分に出航して伊豆大島には10時20分着……のはずだったのですが、やってしまいました！　寝坊したのです。目が覚めたら８時20分。早朝のジェットト船なので万が一のことを考えて竹芝のホテルに前泊までしたのに……。

取材時には絶対にありえないまさかの失態。慌てて支度をし、ホテルをチェックアウトしても間に合いません。あきらめて東海汽船の窓口に電話を入れると、「本日はもう1便、８時55分出発、10時40分着のジェット船があるので振り替えられますよ」というではないですか。

神様、助かったぁ！

あらためて一気に身支度してフロントでチェックアウト。竹芝桟橋の乗船待合所へ駆け込み変更手続きを完了させ、次にシマラボに電話で30分ほど遅れての到着となることをおわびします。この日は港まで車で迎えにきてもらうことになっていたのですが、そんな状況なので船を降りたらタクシーでシマラボの事務所へ向かうことにしました。

伊豆大島は2つの港があり、当日の天候と海上の状況によりどちらに着くかが決まります。この日は約20分遅れて岡田《おかた》港に到着。船を降りると出迎えの場所から一直線でタクシー乗り場へ行き、1台だけとまっていたタクシーに滑り込みます。岡田港からシマラボの事務所がある元町までは10分ほど。住所を告げると、「ああ、あそこね」とさすがは地元の運転手です。こちらは売主さんを待たせているのだから、少しでも早く着きたいのだけれど、島内の最高速度は時速40キロ。伊豆大島ではゆっくり運転がルールです。

元町の中心から少し奥まった場所にシマラボの事務所はありました。本業は伊豆大島では老舗のダイビングショップで、あわせて島内の空き家情報の収集・公開とマッチングの仕事をされています。遅刻のおわびを深々とさせていただき、すでにお待ちだったTさんにあいさつしました。

Tさんは波浮港に生まれた伊豆大島育ち。現在は東京の多摩エリアにお住まいですが、釣りが大好きでひんぱんに島に遊びに帰ってきているそう。私が伊豆大島がとても好きなこと、なかでも波浮港の風景とのどかに流れる空気感を好ましく思っていること、そして譲っていただく家を活用して波浮港を盛り上げたいと思っていることをお伝えしたところ、好意的に取っていただき快く譲ってくださったのでした。

聞くと、Tさんが生まれ育った家を手放そうと思ったのは、その維持費でした。Tさんは今回、譲ってくれた家と向かいとで2軒、所有していました。毎年、台風などでトタンがはがれたり、屋根が飛んだり雨漏りがしたりと、維持をするのに年々、費用がかさんでいました。だから自分で管理できるのは1軒かな、と考えていたところでした。そこで島の知り合いから教えてもらったシマラボにお願いしたのだと。「とにかくタダでもいいから持っていってほしい」とまで思っていたと話してくれました。Tさんがシマラボに依頼してすぐのタイミングで私が見つけたことにあらためてご縁を感じました。

日本全国に850万軒あるといわれる空き家問題は深刻です。伊豆大島だけでも1000軒以上の空き家・古民家があるといわれています。島を車で走っていると朽ち果てた家が散見されますが、なかにはとても趣のある家も少なくない。適切なタイミングでそれを好ましいと思う次の方に引き継げば、新しい空間としてよみがえる可能性をどこもどの家も持っています。そのタイミングとつなげる仕組みさえあれば、新しい試みが誕生するきっかけになります。今回の伊豆大島での出会いはそれを強く思わせるものでした。

シマラボ立ち合いのもと書類を確認し、押印と購入金をお渡しして契約成立。あとは司法書士へ書類を持っていき、不動産の登記移転の手続きへと進みます。後日、「不動産登記権利情報」が郵送されて無事、登記完了。「大島町波浮港1番地」の古民家は晴れて私の持ち家となりました。

Tさんが語ってくれたことがとても印象に残っています。それは私が波浮港に感じている思いでもありました。

「観光客などうちの前を通ると皆さん、必ずといっていいほど、わぁ～、と歓声を上げて〝この通りステキ！〟と感激されています。写真をたくさん撮りながらね。ここはそんな多くの人を感動させるインパクト、魅力がある場所です。これからは、それをいちばん大切にして、少しずつ活気が出てくることを望んでいます」

古民家カフェへの第一歩

波浮港の物件を手に入れたところで、実際はすぐにカフェづくりができる状況ではありませんでした。

古民家を買った→その古民家を改修する→改修後にカフェの運営を行う。すべて未経験のこのミッションを、どこから手をつければいいのかさっぱりわかりません。なにしろ突発的に始まった案件ですし、家を買ったこともなければカフェを営んだこともないのですから。しかも2018年の時点ではトラベルジャーナリストとしての仕事も数カ月先まで予定がしっかり入っている状況でした。

まず知りたかったのが、手に入れた古民家の改修かつカフェとしての空間にするには、いくらかかるかということ。「古民家カフェをつくろう」的な書籍をいろいろ買って、めくってみると、空き家をセルフビルドで100万円という案件もあれば、

2000万円という新築並みの初期投資をしている例も。むむ……。いずれにしろ自分がどんなカフェにしたいのか。そこをたたき台に精査していくのがいいように思えてきました。

ジャーナリストとして雑誌や書籍のラフ（おおまかな図案）を書いたり、企画書やプレゼンテーション資料の作成をしてきた経験上、自分が表現したいものの解像度を上げるにはイラストや写真などビジュアルを示すのが最も有効です。そこでさまざまな建築誌やインテリア雑誌、カフェ関係の書籍を買いあさっては「これいいな」「この素材、好きかも」といった感じで、気になるカフェやインテリアのページに付箋を貼っていきました。あいまいな言葉だけではディテールは伝わりにくいものですからね。これはその後、デザインをお願いする設計士へイメージを伝えることにとても役立ちました。

妄想をふくらませ、頭の中でゆっくりと具体的な空間を想像すること自体は、とてもとても楽しい作業でした。どれだけ贅沢な空間、インテリアにしても想像ならばお金はかかりません。そんな中、最初から最後までブレなかったのは、手に入れた古民家の古きよき趣をなるべく残すことと、波浮港の時間が止まったような雰囲気に合うことの2点でした。

今まで壊されることなく残されてきた古民家という空間を守ること。それだけは絶対に譲れないものでした。

こうした作業の中で、私には1軒、気になるカフェがありました。それが、「手紙舎」です。

私の実家のある調布市つつじヶ丘の古い団地をリノベーションし、カフェとしたのが「手紙舎」。調べていくと、設計士の井田耕市さんがデザインされたということがわかりました。お名前で検索していくと、ほかにも手がけられた店舗、カフェなどがあり、どれも私にとってとても好ましいと思えるものばかり。私の中で、勝手に設計をお願いする候補のリストに井田さんがポンッとランクインしました。

同時に建築関係の友人にカフェ店舗として見積もってもらったりアドバイスを受けたりと、設計に関しての情報収集は続きましたが、どれも「ピン!」とくるものがない。

ただ、古民家カフェという業態はとても増えていること、思っている以上に費用がかかるのだな、ということがうっすらと見えてきました。井田さんにお願いするのにいくらかかるんだろう。無理かなぁ、やっぱり。どうしよう……。そんな状態が続くこと数カ月。

今回も転機は唐突にやってきました。

さまざまな人気イベントを開催することでも知られていた「手紙舎」のサイトをチェックしていたら、とあるお知らせが目に飛び込んできました。

「内装の学校〜これからカフェを開きたい人のために」
講師：井田耕市
※参加資格：将来カフェを開きたいと思っている方、
内装の相談をしたい方

イベントの解説にはこう書かれていました。

「手紙舎 つつじヶ丘本店」「手紙舎 2nd STORY」「本とコーヒー tegamisha」など、手紙社が運営するすべてのお店は実はひとりの設計士が行っているって知っていましたか？ 雑貨店、本屋、ギャラリーなど店舗ごとに異なる顔を見事に作り上げるのは、スーパー設計士・井田耕市。その井田さんが教えてくれるのは、〝カフェの作り方〟。お店をオープンするための基本のプロセス、イメージをかたちにするノウハウを学び、理想のカフェ作りの一歩を踏み出してみましょう。

【イベント内容】
好きなワードや嫌いなワード、「キラキラ」「つるつる」といった抽象的な言葉。一見何の意味も持たなそうな単語や会話から、クライアントの希望を汲み取り、設計を行うという井田耕市さん。美しく、かつ店主の思いや人柄が溢れるようなカフェを、これまで数多く手掛けてきた井田さんによる、カフェのあるお店作りをレクチャーしていただきます。

「業者はどのように選べばいいのか？」
設計士、工務店、大工、DIY……、内装工事は誰に頼んだら良いの？そんな疑問を抱く方も多いはず。それぞれの特徴、メリット・デメリットをお教えします。

「カフェができるまでのプロセスとは？」
物件探しから始まり、設計を依頼、着工してから完成に至るまで、時系列ごとの注意点をお伝えします。各フェーズでかかる期間や金額についても触れていきます。

「設備はどうすればいいのか？」
冷蔵庫や食洗機、焙煎機など、カフェを営む上で必要になってくる設備。

また、お客さんに満足していただくためには、テーブルやソファーにも気を使いたいところです。どんな設備を選び、どのように配置すれば居心地の良い空間を演出できるのかについてお答えします。

「どんな仕上がりになるのか？」

これまで手掛けてきたカフェを紹介し、実例を元にしながら図面や外観を解説します。クライアントの目指すお店のカラーとは何か、ここではそこに注目していきます。

もちろん申し込みました。募集は８人となっていたので満員御礼になっては困ります。ここでもまた前のめりに予約スタートの時間を待って瞬速で予約。これで井田さんと接点ができる！

「内装の学校」の当日。場所は複数ある「手紙舎」の店舗のひとつで行われました。

井田さんはおだやかな笑顔が印象的で、設計された作品のぬくもりあるイメージと重なる人柄を感じさせてくれました。このときの参加者は全員女性。それぞれカフェ経営への夢や淡い憧れを持って参加されていました。少人数での開催だったため、井田さんが具体的な参考例を挙げながら丁寧に説明してくれるだけでなく、参加者が知りたいこと、疑問に思ったことにもプロの設計士からの的確なアドバイスをもらうことができ、とても参考になりました。どういうことにどれだけ予算が必要か。誰にどう注文・発注をすればいいのか。ノウハウ本を読むだけではわからなかったこともスッキリ！　カフェ開業を考えているなら、こういうイベントがあればぜひ参加するといいと思います。

さらに、井田さんのカフェ設計への思い、こだわりなどを知ることで、私の中で井田さんに波浮港でのカフェの設計をお願いしたいという思いが着実に固まっていきました。講義が終わり、私は井田さんに名刺を渡して古民家を手に入れてカフェにしようとしていることをお伝えし、こうたずねました。

「一度、物件を見に伊豆大島へ行きませんか？」

設計士というサポーター

2018年8月末、私と設計士の井田耕市さんは調布飛行場から伊豆大島に向かう小型機に乗り込みました。

調布飛行場は1941年に開港した歴史ある東京都の飛行場です。現在は伊豆大島を含む伊豆諸島への航路として新中央航空という航空会社が19人乗りのドルニエ機の定期フライトを毎日運航。島民や観光客の大切な足となっています。調布から伊豆大島まではジャスト25分と、本当にあっという間。ワープするかのような空間移動と小型機に乗るという非日常感を、私は井田さんにもぜひ、味わってもらいたかったのです。

座席は両側に1席ずつ。客室乗務員は同乗しないので、アナウンスは操縦席から。窓から見えるプロペラがゆっくりと回り出し高速回転を始めるのを眺めると、テイクオフの高揚感がじわじわと湧き上がります。狭い場所や高い場所が苦手な人は悲鳴を上げそうですが、私はたまらなく好き。向こう側に座っている井田さんを見ると、少年のように小さな窓に顔を近づけて外を眺めています。座席は搭乗直前に指定されます。チェックイン時に体重申告があり、そこから機体のバランスを考慮して乗客の配席が決まります。

フワリ。走り出した機体が地上を離れ、浮き上がると同時に視界には調布の街並みが広がります。大型機の場合、水平飛行は高度約1万メートルですが、わずか25分飛行のドルニエ機の場合は千数百メートル。私たちの乗った飛行機は住宅や街路樹、電車が走る様子、渋滞気味の東名高速などがハッキリと見分けられる高度を保ったまま、あっという間に調布から川崎、さらに湘南、江の島を見下ろしながら伊豆大島を目指します。

しばらく眼下に見入っていたことに気づき、ふっと視線を少し遠くに飛ばしてみると富士山の姿が飛び込んできました。雲がたなびき、青い稜線が光の中に浮かぶ様子は泣きたくなるほど美しい。地上からでもジェット機からでもない、小型機から見る圧巻の名峰。このすばらしい眺望だけでも乗る価値は十分あります。

フライトはあっという間に終わり、私たちは伊豆大島の都営大島空港、愛称「東京大島かめりあ空港」に無事、ランディング。空港から波浮港までは車で30分弱。レンタカーを借りていたので私の運転で井田さんを現地までお連れします。

伊豆大島は初訪問の井田さんに、島の特徴や暮らしのことなどを運転しながら解説していきます。私がなぜ伊豆大島が好きなのか、カフェを始めたらどんなことをしたいと思っているのかなど。これは、家の設計はハードだけではなく、実はソフトの部分が大切との思いからでした。私がどういう意図でどういうスタイルのものをつくりたいのか。それを伝えるにはまず、私自身のことを知ってもらう必要があると考えたのです。参加した「内装の学校」でもそういう点が大切だと教えてもらっていました。真っ先に井田さんを伊豆大島にお連れしたのも、現場を見てもらうことは当然ですが、島の存在感を感じてもらい、私がなぜここを選んだのかを肌感覚で知ってもらうことがまずは大切だと信じていたからでした。

結論として、それは正しい判断でした。

現地に到着して早速、井田さんに物件を見てもらいます。波浮港の風情と家並みのたたずまいには、井田さんも感慨深いものを感じている様子。鍵がかかっていないので建物のガタつく木の扉を開けて中に入ります。中を見渡しながら、「おお〜！　これは面白いですね〜」と無邪気に声を出す井田さん。私は思わず心の中でガッツポーズ。日帰りで時間もないので早速、プロの目で内部を確認してもらいます。井田さんはカバンからメジャーを取り出し、実寸確認。床や壁の経年劣化、堅牢の度合などもプロが見たらさまざまな瑕疵がわかるのでしょう。「これはちょっと無理ですねぇ……」と言われたらどうしよう。ヒヤヒヤしながらその動きを目で追います。

足早に、でもしっかりと内覧してもらい、私のプラン、予算などを話し合い、最終的に「やりましょう！」と井田さんからお返事をいただいたのは、小1時間も経ったときのこと。ハブカフェ誕生への第一歩が決まった瞬間でした。

その後、想像以上に開業まで時間がかかることはこのとき私も井田さんも知りませんが、私は新しい人生プランの幕開けにただただ有頂天で、湧き立つ思いでいっぱいでした。そして、ここから設計士としての井田さんと施主としての私の長い伴走がスタートしたのです。

古民家カフェづくりの書籍やブログを読むと、経費を抑えるため自分たちでセルフビルドをしたという案件が多いことがわかります。限られた予算ですから節約はしたいところですが、私は当初からプロに設計・デザインしてもらおうと決めていました。

理由はまず、自分自身の体力や時間的な余裕がないこと。もうひとつ、きちんとプロに手がけてもらうことで自分が手に入れた古民家がどれだけ変わるのか、そのポテンシャルを知りたいという思いが強くあったからでした。素人がやると、どうしても精度や完成

度は高くありません。「それも味わい」というのは、私のやりたいスタイルではありませんでした。井田さんとも予算について話していた際、「プロはなんといっても正確で速いし、当然ですが上手です」と言われたことにストンと納得。その言葉で迷いは吹っ切れ、予算の範囲でプロにお願いしようと決めました。

ほかの設計士や建築士を知らないので比較はできませんが、井田さんの仕事ぶりは人柄をそのまま反映したとても誠実なものでした。施主の私に対しても非常にナチュラルかつニュートラル。その姿勢は、出会いのきっかけとなった手紙舎のカフェや、カフェづくり講座の際に見せてもらった店舗などの無理のない、スペースを持ち味にすっぽりと収めた空間のおだやかさに表れています。設計から施工、内装や厨房設備などこれまで数多くのカフェを手がけてきたノウハウの豊富さもさることながら、さらに感心したのは、高額ではないけれど見栄えがして、つくりたいと思っているデザインにふさわしい素材の知識を惜しげもなく与えてくれることでした。こうした井田さんとの出会いがハブカフェの誕生に大いに寄与すると確信。井田さんは私にとってかけがえのないサポーターとして尽力してくれることになるのでした。

大工を決める

2階に住みながら階下でカフェをやる。そう骨子が決まり、設計士も決まりました。次は実際に工事をしてくれる大工さんの手配です。

古民家をあっせんしてくれたシマラボから、「大島町が古民家改修や空き店舗活用に補助金を出しているので申請するといいですよ」と教わっていました。調べると、いくつかの条件が設けられていました。

要約すると、

「大島町民であること」
「3年以上、移住または営業をする意思があること」
「基本的に島の施工会社を使用すること」

補助金は当時、最大で１００万円支給。これは大きいです。いくつか整えなければならないことはありますが、申請条件はクリアできそうなので進めていくことにしました。

とりあえずいちばん大きな課題は町民になること。当時は千代田区民でしたから早速、転居・転入に取りかかります。町民になるには住民票の書き換えが必要ですから、伊豆大島内の住所が必要です。今考えると改修前ではあるけれど古民家のある波浮港の住所でよかったのかと思いますが、当時は住んでいることが前提かと思い、島内で賃貸契約できる物件を探すことにしました。しかし、これがなかなか見つかりません。あとからわかったのは、伊豆大島の不動産の情報はネットに出てくることが少なく、空き家や空き部屋の情報の多くは地元の口コミで広がり、決まるということでした。誰だか知らない人間よりも知り合いを介した人のほうが安心するという心理的なものかもしれませんが、ネットでの不動産情報はかなり限定的でほとんどヒットしませんでした。

そんな中で唯一、サイト上で情報更新していたのが大島不動産でした。物件は少ないのですが、ときおり新しい情報がアップされているのでこまめにチェックしていたところワンルームの賃貸募集を発見。場所は島の中心の元町です。写真で見るとかなり古そうですが、とにかく住所が欲しいので気になりません。家具付きでなんと月3万8000円。早速、連絡をして借りたい旨を伝えます。代表のAさんは電話での応対もほがらかで気さく。私が島に移住する予定であることなどをさっくりと伝え、契約をお願いしました。結果として2年間の契約期間よりも早く退出することになりましたが、元町に拠点ができたことで伊豆大島と都心の家とを行ったり来たりする回数も増え、当時は今でいうところのデュアルライフ（二拠点生活）をしていた形になりました。このデュアルライフは、なかなか魅力的な暮らしぶりではありますが、やってみると意外に勝手が悪いことも多いと実感。たとえば郵便物や宅配便の配達、さらに曜日が決まっているゴミ出しの日にはいないとならないし、食器類や生活品なども ある程度は両方に必要になってきます。そんな細々したわずらわしさがあり、デュアルライフは私の性に合わないと確信するに至りました。これも体験してみてわかったこと。都会と地方の二拠点生活にゆるい憧れを持つ方もいると思いますが、まずは中長期で滞在するなど、デュアルライフに飛び込む前に、暮らすように過ごしてから決めるのもいいかもしれません。

大工さんは事前に島の友人たちにリサーチしたうえで島の工務店に決めました。古民家を得意とする島外の大工さんにお願いすることも考えたのですが、その場合、日当に加えて滞在中の食住の支払いが加算されることや、今後、改修や修理が発生した際、島外から来てもらう手間ひまがかかることなど、メリットとデメリットを比較したうえ、今回は島の大工さんに頼むことにしました。町からの補助金をもらう条件にも「基本的に島の施工会社を使用すること」というのがあったことも大きな決定要素でした。

お願いしたいと思った工務店の社長の電話番号を教えてもらい、コンタクトを取りました。「波浮の古民家の改修」と伝え、まずはやってもらえるのか一度、現地を見てほしい旨を伝えます。設計士の井田さんにも立ち会ってほしいので、それぞれの日程をすり合わせて、曜日を決定。段取りをしていきました。

そして、当日。天気もよく、現地下見も問題なし。私と井田さんがいるところに島で工務店を営むDさんがやってきました。軽く自己紹介とあいさつをして家の中を見てもらいます。この時点で前の所有者のTさんがある程度の大きな荷物は運び出してくれていました。さらに不要な家具類や膨大にあった古い茶箱（これが重い！）などは事前に島の業者さんに頼んで処分してあったのでほぼスッキリした空間に。その分、天井や壁、床などのくたびれた状況がいやでも見渡せます。

ざっと家の中を見渡したあと、Dさんが言います。「で、これをどうしたいの？」。井田さんが下をカフェに2階を私の居住スペースにすることを説明。すると、「いやぁ、これ無理でしょ。こんなに古い家に住むのかよ」となかばあきれ顔のDさん。それまで古民家案件をいくつも手がけてきた井田さんが、「大丈夫です。私がちゃんと図面を引きますので」。するとDさんはすぐ近くの古い柱をたたいて、「これとかはじゃあ、どうするの？」。「これは少し補修して使えるのでこのままでいきます」と井田さんが言うと、「これをかい⁉」と目を丸くしてDさんは返します。「無理だよ、こんなの。こんな古い家、壊しちまえよ。俺がもっといい家をつくってやっからさ！」

当時、島では新築や解体工事はあったものの古民家の改修というのはほとんどないのが実情でした。すでに全国的に古民家カフェ、古民家ゲストハウスなど静かに人気が高まり、レトロブームが起きつつあったにもかかわらず、伊豆大島にはその気配はありませんでした。そもそも私が波浮港に惹きつけられたのも日本の港町の原風景が残っていると感じたから。古民家や昭和の面影を残す通りの風情は非常に力強い観光要素であり、保存・保全していくことが重要だと思っていました。古いものと古臭いものは、異なります。古くても丁寧に手入れがされているものは美しさを宿しています。手に入れた家も私から見たらそれは魅力的な存在に感じていたのですが、どうやら島の大工さんたちから見ると、住むなんてもってのほかのただ年季の入ったボロボロの古い家に見えたのでしょう。でも、私には新しい物件に建て替える気持ちはまったくありませんでした。情緒ある波浮港にふさわしいのは月日を重ねてきた家であるべき。そのためにこの古民家を選んだのですから。

もうひとつ、Dさんが否定的だったのには、中途半端な改修は職人としての自負を損ねるとの思いもあったかもしれません。一からすべて手がけてこその仕事であり、作品である。そう考えることは職人として当然ですし、自分の技術をしっかりと反映させることができないかもしれないという気持ちは理解できます。

この時点で井田さんがいなかったらおそらくDさんは引き受けなかったと思っています。これまでも数多くの古民家改修を経験してきた井田さんの言葉には説得力がありました。Dさんの投げかける質問にもすみやかに回答。偉ぶることもなく自然体で、職人と同じ視点を持った井田さんの様子に私が安心感を覚えていると、最終的にDさんが、「じゃあ、まあやってみるか。ちゃんと指示してくれよな」。

ここでも、井田さんという設計士の存在が大きく貢献。さらに一歩前進しました。

改修費用について

お金の話をしましょう。

今回の古民家購入とカフェ&住居改修では約1000万円かかりました。最初の予算は700万円。ただ、おそらくそれでは収まらないのでは、とも思っていました。

2019年4月の時点で、初めて井田さんからもらった概算見積書の額は845万8700円。内訳はD工務店に550万円、工事費別途として177万3500円。これは給湯器や業務用冷蔵庫、エアコン、便器、ユニットシャワー、照明など必要な設備一式の金額です。最後に井田さんの報酬となる設計監理費64万円が加わり、それに消費税(当時は8パーセント)が加算されて845万円となります。

いざ工事に取りかかると、ぐらついて危なかった2階の窓の手すりを昔ながらの伝統的な細工を施してつくってもらうなど、追加の作業をいくつかお願いすることになり、D工務店には最終的にプラス100万円で計650万円をお支払いしました。

設備一式も実際は一つひとつ井田さんがハブカフェにふさわしい機器類を吟味して、さらにネットなどで最も安く購入できるものを見つけてくれるなど精査してくれたおかげで、最終的には約100万円で収めることができました。

しかし……！　これが離島の最大にして永遠の課題。送料がかなり大きな金額になってしまいました。そう、離島では購入したものは全て海上輸送を経て到着します。当然、一般的な送料よりも高くなります。特に家電製品など大型で重いものはコンテナを占有するため料金がハネ上がります。ネット通販で「東京都は送料無料」とうたわれていてもどこかに小さく「注意：離島は別途有料の場合があります」と記されていることが多く、離島民はこのフレーズがいちばん怖いのです。今回の場合、送料は購入費用の約1割、11万円ほどかかりました。でもこれはとても低く抑えられての料金です。最も海上輸送費がかかったのは業務用の冷凍冷蔵庫、コールドテーブル、製氷機、2槽シンク、カフェ用の大型エアコンだったのですが、井田さんがよく利用する業務用厨房機器の販売店がかなり勉強して安く見積もってくれたので非常に助かりました。さらに、それ以外の備品なども なるべく送料のかからないものを探し、あるいは安いサイトを見つけて一つひとつ選んだことも功を奏しました。開店のスケジュールによっては迅速に決定しないとならないでしょうが、私の場合はある程度の想定スケジュールはあるものの、「絶対にこの日までにオープンしなくちゃ！」と思っていたわけではないので余裕がありました。急いで選んで失敗するよりも、吟味して自分好みのものを選びたい、もし見つからなかったら待つことにしよう。そういう〝ゆるい思い〟であれこれと決めていきました。

照明の傘やドアノブなどは小さいけれどカフェの雰囲気を印象づける重要なアイテムです。まずは井田さんが形状、用途など必須な条件から「ハブカフェにいいのでは」、と思った製品のリストを用意してくれました。ここでは、設計の前段階から私がどんなスタイルが好みなのか、どんな色や雰囲気が好きなのかを井田さんに細かくお伝えしてきたことが役に立ちました。「たぶん寺田さんはこういうのが好きじゃないか」と方向性がしっかり見極められ、ブレがないので、「いやぁ、これはちょっとないんじゃない⁉」という要素がほぼなくノーストレス。スムーズに選ぶ作業に入ることができました。井田さんのカフェのつくり方講座の説明には「好きなワードや嫌いなワード、

『キラキラ』『つるつる』といった抽象的な言葉。一見何の意味も持たなそうな単語や会話から、クライアントの希望を汲み取り、設計を行う」と紹介されていましたが、まさにそのとおり。意識して自分のこと、思いなどを会うたびに話していたことを、井田さんはしっかりと受け止めて作業に反映してくれたのです。

ここで、結論。

「お金をかけたくなかったら時間をかける、時間がなかったらお金をかけること」

そして、プロに設計を依頼するときにいちばん知りたいのが報酬の相場だと思います。その答えは井田さん自ら教えてくれました。

物件を見に初めて伊豆大島にお連れした際に、「設計士さんにはいくらくらい払うものなのでしょう」という私の疑問に、井田さんからは「おおまかですが工事費の総額の10〜17パーセント程度だと思ってください」と明瞭な答え。もちろん有名な建築家や大手企業に依頼すれば値段は変わってくるのでしょうが、井田さんの答えがその後の私の基準になっています。今回は工事の追加注文などもあり、井田さんの仕事も若干、増えたことにより、報酬金額が当然変わり、総額100万円をお支払いしました。プロフェッショナルな仕事ぶり、クライアント（私）に対しての誠実さなど、お支払いした料金以上にすばらしい仕事をしてくれたと、感謝しています。

D工務店に650万円、設備一式110万円、設計に100万円。これに、土地の購入が諸手続き等込みで約70万円、井田さんからの見積書以外に派生するエスプレッソマシーンや食器類などの備品、什器《じゅうき》、住居用の設備などの購入がおよそ110万円。合計1040万円になりました。町からの古民家活用補助金が満額の100万円支給されたので、差し引きは940万円。これには老後のためにと少しずつ貯めていた自己資金から400万円を充当し、残りは銀行からの融資をお願いしました。返済の予定は5年。それまで都心の賃貸に年間150万円ほど支払っていたのでその分を充当していく計画です。カフェでは人件費をかけたくないので人を雇わずワンオペでやるつもりですが、それだけでは売り上げはあまり期待できません。トラベルジャーナリストとしての仕事も継続するので、両輪で操業すれば回せていけるのではという算段

です。実はこのあとも家の手直しの必要が出てきてさらに出費はかさむのですが、まずは金銭的な課題はクリア。あとはカフェが順調に営業していくことを念頭に働くまでとなりました。

40年近くフリーランスでしたが会社にはしていなかったので、創業というのも初めての経験でした。いろいろ探していると東京都がかなり積極的・多角的に起業や移住などのサポートをしてくれることを知りました。

そのひとつが、「TOKYO創業ステーション」です。ここは公益財団法人東京都中小企業振興公社が母体で、起業に興味がある人から、実際に東京都で起業をする人まで幅広く支援する団体と施設。丸の内と立川に拠点があり、起業に関するイベントやセミナー、専門スタッフによるプランコンサルティングや具体的なアドバイスなどが受けられます。さらに融資相談や各種助成金の説明などわからないことを経験豊富なスタッフが丁寧に教えてくれる、心強い存在です。施設内にあるラウンジはネット完

筆島海岸から「筆島」を望む ▶

備で、関連書籍が閲覧できます。希望すれば一時保育も行っているので、助かる方もいることでしょう。私もセミナーに参加したり、資料集めなどで活用させてもらいました。「女性または35歳未満か55歳以上」に特化した日本政策金融公庫が行う低金利融資「女性、若者／シニア起業家支援資金」などというものがあることも、ここで知りました。これから東京都で起業される方はぜひ、利用するといいと思います。

移住に関しては東京多摩島しょ移住定住相談窓口、通称「東京たましま」があります。有楽町駅前にある東京交通会館8階にあり、移住相談、セミナー、暮らし体験ツアーなどの情報を得ることができます。

新型コロナ禍で日本人のライフスタイルは大きく変わりました。それをきっかけに地方に拠点を移す人も増えています。私も実際に伊豆大島に住むようになってみて、地方ぐらしの豊かさにどんどん魅了されています。もちろん課題は多々ありますが、それも含めて新しいライフスタイルを楽しもうと、前向きにとらえることができれば大丈夫だと思います。

一方で、そのためには決定する前に不安要素をしっかりと把握し解決することが重要です。東京都だけでなく各都道府県でも支援の取り組みを行っていますから、積極的に活用して、自分らしい暮らし方、仕事を見つけていってもらいたいと思います。お役所というと敷居が高そうに思いますが、私の経験上そんなことはありません。まずは相談してみましょう。

ということでサイは投げられました。新しい人生のチャレンジに踏み込んだ私は、それまでとはまったく異なる暮らしへと一歩、進んでいくのでした。

「TOKYO創業ステーション」と「東京たましま」について、詳しくはこちらから。

TOKYO
創業
ステーション

東京たましま
移住定住
ポータルサイト

対談井田耕市さん×寺田直子

ハブカフェ誕生ものがたり

設計士・井田耕市さんと運命の出会い

寺田　井田さんと初めて会ったのは、「手紙舎」というカフェで行われたセミナーに参加したときのこと。気になっていた「手紙舎」の何店舗かあるカフェのすべてを設計している井田耕市さんが、これからカフェを開きたい人に向けて〝カフェのつくり方〟を教えてくれると知って、すぐに申し込みました。少人数制のセミナーで、参加者は私を含めて4人。あのとき、私はかなり具体的なことをお聞きしましたよね？

井田　「ちょっと話を聞いてみようか」という参加者もいる中で、寺田さんは「すでに腹が決まっている人」という印象でした。伊豆大島にある古民家を改修し、カフェ空間にするにはどうすればいいのか、誰にいくらぐらい払うのか、どれぐらいの期間がかかるのかと聞かれて、「発注者がいて、設計者がいて、施工者がいて、こういう流れででき上がるんですよ」といった流れや、「DIY（Do-It-Yourself）でやる場合のメリットとデメリットはこうですよ」とか、さらには書類の申請のことなども説明して、僕が設計したカフェの事例を見せながら、施主さんの名前は伏せたうえで実際の見積もりもお見せしましたね。

寺田　あれはとても役に立ちました。知り合いに何人か建築関係者がいたので、ざっくりと建物の雰囲気や状況を伝え、概算の見積もりを聞いたところ、２０００万円と高額な答えが。一方でカフェづくりのノウハウ本を読むと、「ＤＩＹで５００万円でやりました」というケースもあって、金額はさまざまでした。私の予算の７００万円ほどで抑えられるものなのかを知りたかったんです。そのためにも、まずは物件そのものを見てもらわないと答えられないと思い、井田さんには出会ったその日に「一緒に伊豆大島まで行きませんか？」と、半ば強引なお誘いでしたね（笑）。

井田　もう６年前のことになります。寺田さんからセミナーで「現場が伊豆大島でも大丈夫ですか？」と聞かれ、「全然、行けますよ！」と即答しました。初めて物件を見に行った日、調布の飛行場から伊豆大島行きの小さな飛行機に乗っている間中、窓の下の景色を眺めながら「すごい！　楽しい！」と思っていました。そして、波浮港のレトロな風景に感動。そこにたたずむ古民家の雰囲気がとてもよくて、「すごい、こんな家をよく見つけましたね！」と話した記憶があります。建物自体は半分朽ちていたけれど、お金と時間をかければ改修できないことはないと思いました。

寺田　実はあのとき、井田さんに断られたらどうしよう……と気をもんでいたんですよ（笑）。でも、セミナーの内容もさることながら、オーナーの人柄やつくりたいものをカタチにするとおっしゃっていた井田さんなら信頼できる、正式に仕事を頼みたいという思いは変わりませんでした。当時のあの状態を見て、700万円でどうにかできるという確信みたいなものはありましたか？

井田　はい。もちろんどこもかしこも完璧にというわけにはいかないけれど、かけるべきところにコストをかけ、バランスよく使えばなんとかなるのではないか、という気はしていました。

寺田　井田さんが改修を引き受けてくださることが決まり、施工を依頼することにした地元の大工さんが初見でひと言、「ここに住むのかよ!?」と（笑）。悪いことは言わないから壊してきれいなものを建て直しなさいって。伊豆大島には、もともと古民家の改修という概念がなかったので、地元の人にしてみたら「新しいものがいいもの」だったのでしょうね。そうした職人さんたちとの意思疎通も含めて、井田さんにお願いして本当によかったです。専門家を介さず、私が大工さんと直接やりとりをしていたら、絶対にわけがわからなくなっていたことでしょう。

井田　寺田さんは最初に、僕ら建築のプロの仕事に対して敬意を持っているということをきちんと伝えてくれました。態度としてもそれが見えたので、むしろ僕は「よし、みんなでがんばろう！」と思いましたよ。結果として、楽しい現場だったと思います。

台風襲来！　10カ月間工事がお休みに

寺田　もちろん、すべてが順調というわけではありませんでした。着工間もない2019年9月の台風は、関東地方に襲来したものとして観測史上最強クラス。伊豆大島にも大きな被害をもたらし、あちらこちらで家の屋根が飛んだり半壊した家があったりで、大工さんには「そちらの修繕を優先してください」とお願いしたものの……。

井田　年内の工事再開は厳しいだろうから、年度内（2020年3月）ではどうかと聞くと、「年度内ならいけるかな」と。ところが4月になっても連絡がこない。「どうしたの？大丈夫？」「いや、もうちょっと待って」と何度かやりとりがあり、結局、工事が再開したのは夏になってからでしたね。

寺田　約10カ月間、工事がストップして、完成後に鍵を渡してもらったのは2020年11月の末でしたから、12月に入ってからようやくカフェをオープンする準備段階に入ることができました。私は待っていればよかっただけでしたが、工事の進め方として大変なこともあったのでは？

井田　伊豆大島の職人さんたちは古民家改修の経験が少ないこともあり、「何を残して何を壊すのか？」「どこからやればいいのか？」と、1カ所1カ所、確認しながら進めていかなくてはならなかったことでしょうか。建物として、古民家らしい景観や構造は変えたくないから〝やりすぎ〟はよくない。ですが、そこはさすが職人さんで、途中から要領をつかんでくれて、「これは残すんだろ？」「こういうのが好きだろ？」みたいになってきた（笑）。古くて歪んだ建具をはめ込むとか、相当面倒な仕事もしてくれました。

寺田　手がけてくれた職人さんは今、店に来ると居合わせたお客さんに「ここは俺がつくったんだよ」と自慢しています（笑）。

井田　それはよかった。僕がずっと現場に張りついているわけではないので、伊豆大島に来たときに詳細を詰めて、基本は遠隔操作の指示出しでしたから、わからないところが出てくると、1週間に3回ほどのペースでビデオ電話がかかってきました。「ここはどうするんだい？」と言いながらカメラを動かしてくれるのだけど、操作に慣れていないから職人さんの顔しか映ってないってことがあって、「もっと右」「いや、左」と何度も（笑）。ですが、これもIT技術が発達した今の時代だからできたことですよね。

ハブカフェから吹く風

井田　ハブカフェがオープンして4年目。店の前の道は人通りが増えたし、島の様子もだいぶ変わってきましたね。

寺田　テレビドラマ『東京放置食堂』の舞台になったり、いろいろな雑誌で取り上げられたことも間違いなく影響していると思います。これまで波浮港に来た観光客は、お寿司を食べるか、テレビによく登場するコロッケを

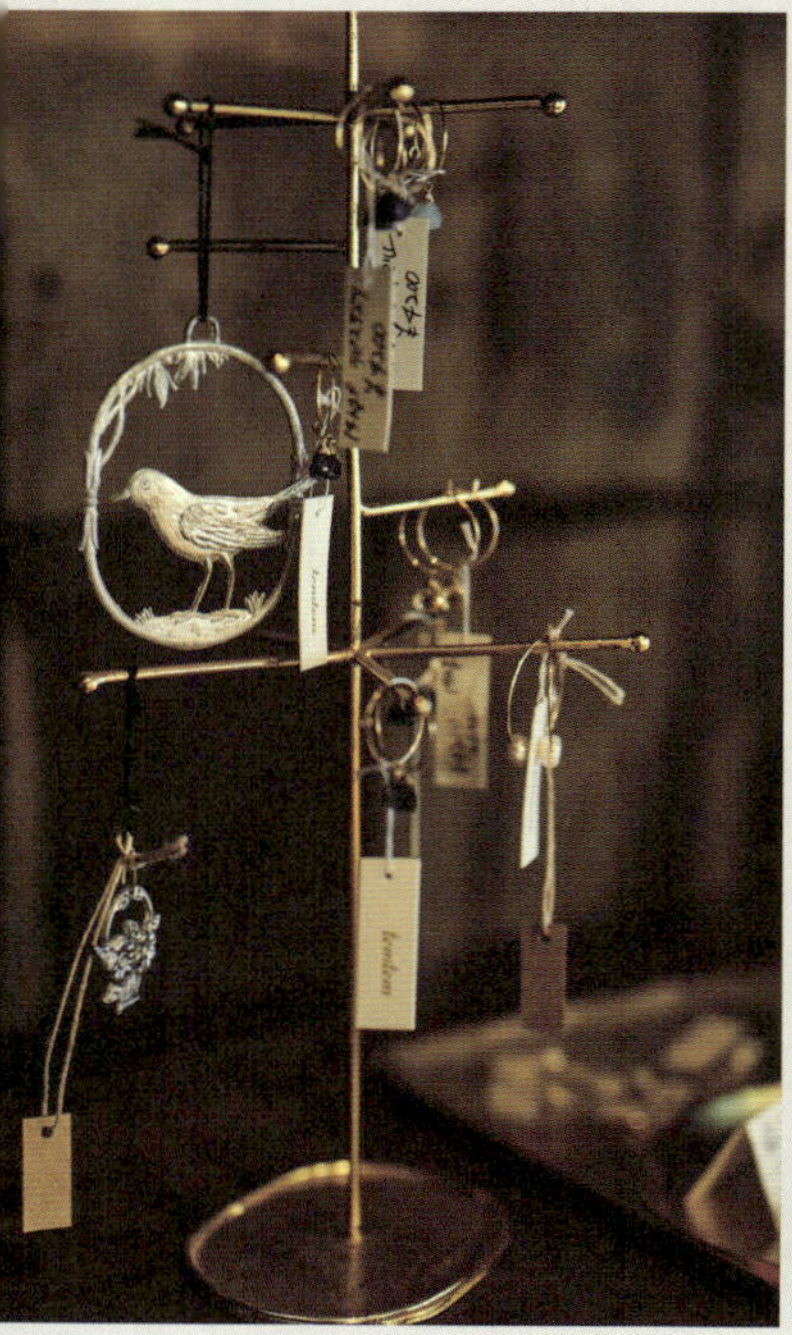

HOTEL STORIES
Marché

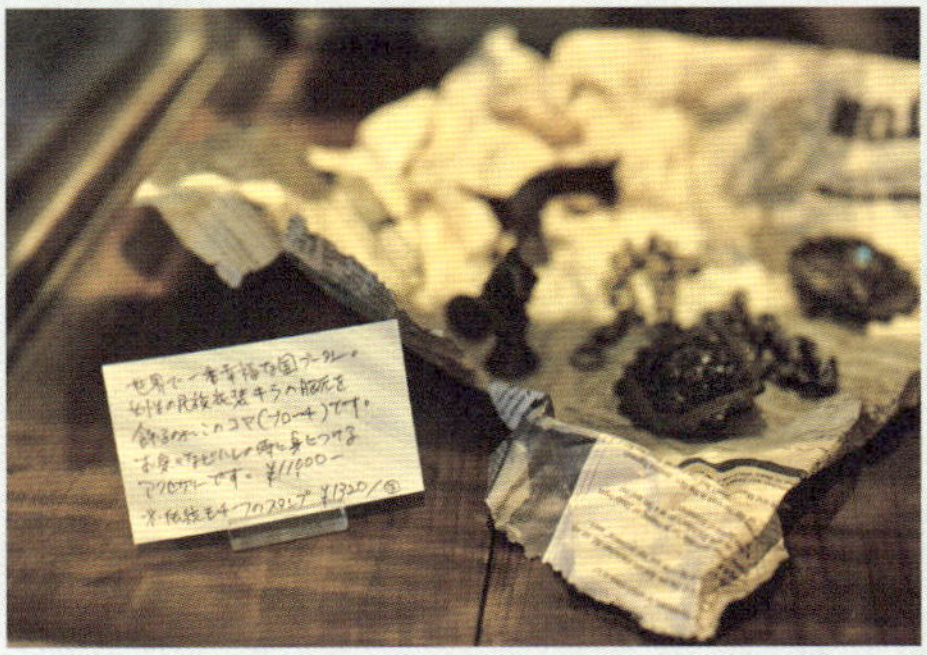

ナイン

ritokei

食べるかして、慌ただしく写真を撮って帰るだけ。せいぜい30～40分でした。ところが、コーヒーを飲んでゆっくりおしゃべりできるこの空間ができたことで、滞在時間が一気に延びました。「ここにきて気軽に飲めるお店や古民家の宿も増えてきて、今や「波浮港に泊まる」という旅のスタイルができつつあります。すると、人の動線が変わるわけですよ。この辺の路地を歩いたことのない人たちが、「なんとなく雰囲気がいいよね」とか「レトロでエモ～い！」なんて言いながら散策して、写真を撮っている。もちろんハブカフェにも来てくれて、「よかった」と言ってくれる。何度も訪れる人もいて、最近は住まいや店にしたいと空き家物件を探す人たちも増えています。

井田　それはすごい。まさに〝波浮バブル〟ですね。

寺田　そうした波浮にあって、大きな魅力を発しているのがハブカフェというわけです（笑）。6年前にこの古民家を購入した当時の値段は、土地と建物を合わせて50万円ほど。それが今は、相場が跳ね上がっています。店をやろうと思えばさらに改修費がかかるわけですから、若くてお金がない世代は古民家を活用した起業など難しくなってくるかもしれません。

井田　そうなると、「ここなら商売になる」という目的で買う企業などが増えて、今ある街並みや情緒的な雰囲気が壊されてしまう懸念も出てきますね。

寺田　すでにそういう動きも起こりつつあ

ります。私は、「昔ながらの波浮の雰囲気を残したい」という意識で外観も内装も考えましたが、皆がそう考えるわけではないでしょう。景観条例もない現状ではどのような建物ができるかは不透明です。そのような事態になったときに、この界隈の雰囲気や風情をいかに守っていくかが今後の課題になると思います。

井田　伊豆大島や波浮港に限ったことではなく、地元や地域の魅力を最もわかってないのは、地元の人たちなのかもしれません。僕の実家は石川県ですが、コンビニエンスストアが1軒もないような田舎の集落に30軒ほどの家があり、なかでもうちはいちばん古い建物のひとつで、築後約150年以上経っているような家なんです。その集落で10年ほど前に改修を手がけたことがあり、変に新しくリフォームした部分があったのを全部取り壊して、オリジナルに戻すような形にしたら、「こういうやり方もあるのか！」と、周囲の人たちが妙に納得しました。改修のやり方によって古民家に再び息が吹き込まれるような事例を間近に見たことがあれば、だいぶ意識も変わると思います。

もちろん僕は、新築がダメとは思っていないのですよ。でも、古くていいものを残せる可能性があるなら、残すためにがんばるチームの一員でありたいとの思いはあります。

寺田　ハブカフェにもときどき、「古民家カフェをやりたいと思っているので来ました」というお客さまが来るので、相談に乗ることもあります。20年も空き家だった建物をカフェにしたこの物件で、開店以来、年間

3000人以上にご来店いただきました。その実績を見て、地元の人たちにも「なるほど、ああいうこともできるんだ」と気づきを持ってもらえたらうれしいです。島外からも多くの人が訪れ、ここで心地よい時間を過ごしてくれて、お金を落としてくれる〝経済効果〟が生まれているのですから。

旅人と地元住民がつながる〝ハブ〟に

井田　ハブカフェには地元の人もいらっしゃいますか?

寺田　もちろん!　地元の人と観光客が偶然、隣り合わせて、そこから自然に交流が生まれることも多いんです。それで、「次のバスで帰るの? じゃあ、車で送ってあげるよ」なんてこともあります。旅でそんな印象的なエピソードがあった人は、また来てくれるんですよね。

井田　店の名前のとおり〝ハブ〟、つまり人と人とのつながりをつくる場所になっているわけですね。

寺田　その効果は私が想像していた以上です。ちょっとボケてしまい、何度も同じことを繰り返すご老人が、カフェで会った知人との昔話になったら途端に言葉があふれ出し会話が始まったり、ということもありました。ハブカフェは赤ちゃん連れでもペット連れでも大丈夫なので、いろんな方がここに集まります。これまで波浮港にはそのような場所がなかったから、誰にとっても居心地のいい空間を提供できて本当によかったなと思います。

Har Cafe

井田　なんだか、寺田さんご自身も変わったように思いますけれど……？

寺田　そうかもしれません。小さなお子さんを連れたお母さんとか、学校の先生とか、巡回のお巡りさんとか、トラベルジャーナリストとしてはほぼ接点のなかった人たちと出会ったことで刺激を受けています。持っている情報も違うし、考え方も違うし、「へえ、そうなんだ！」と、驚くことも多い。何よりも、今までは自分から人に会いに行き、取材をしてきたけれど、ここにいるとみんなのほうから来てくれるんですよ。

井田　トラベルジャーナリストの立場からも、ハブカフェから発信できることがありそうですね。

寺田　伊豆大島に駐在している東京都の職員さんたちもときどきコーヒーを飲みに来てくれて、「島にどうやって人を呼び込むか」といった課題について話すこともあります。私には40年間で100カ国以上旅してきた、とっておきの〝引き出し〟がありますから、「この国ではこんな施策をしていましたよ」とお話しするだけでも参考にしていただけると思うのです。伊豆大島の観光政策について、私もできることをお手伝いしていきたいと思うので、店の基盤がある程度しっかりしてきたところで少しずつ力を注げればいいなと思っています。

井田　たとえば、どのようなことですか？

寺田　私は伊豆大島の観光ガイドのひとり

だと自認しているので、店にいらっしゃる方にガイドブックには載っていない最新情報を伝えられるように心がけています。家族連れなのか、カップルなのか、外国人なのかによって内容を変える。観光客にとっても役立つ情報だし、「ハブカフェで聞いて来ました！」と言って紹介先を訪ねてくれたら、行った先のお店もうれしいですよね。それで街全体が活性化すればしめたもの。ハブカフェに来てくれたからには、ただでは帰しません（笑）。

井田　たしかに、「ハブカフェの寺田さんに聞けばわかる」っていいですね。ほかにも、寺田さんがこれからやりたいことは？

寺田　東京なのに島ぐらしで生きていく姿を見せることでしょうか。伊豆大島の若い世代が「自分もやってみたい」とか、今は島を出ているけれど「島に帰って起業しよう」と奮起してくれたら、それほどうれしいことはありません。このカフェの存在が波浮港に小さな風を起こしたように、今度は風を受けた地元の人たちが島全体に心地よいさざ波を起こしてくれたら……。伊豆大島はもっともっと生き生きとその魅力を放っていくと思います。

井田　そう聞くと、ますます今後の展開が楽しみになってきますね。次回は家族を連れて遊びに来ます！

寺田　はい、ぜひお待ちしています！

（おわり）

第2章　動き出した島ぐらし

60歳直前の決断

50歳を過ぎたころから将来のこと、つまり老後を考えるようになったとき。最も大きな感情は、不安でした。

フリーランスのトラベルジャーナリストという響きは格好いいですが、不安定な収入と不規則なライフスタイルをどこまで続けるか。雑誌や本が売れなくなり出版業界も潤沢に旅取材の経費が出せなくなる一方、インスタグラマーやユーチューバーといった、いわゆるインフルエンサーと呼ばれる肩書の方たちが旅記事やコンテンツを発信することが主流になってきたことで、プロである私たち旅専門の物書きたちの存在価値が世間一般から低くなってきたことは、じわじわとボディブローのように効いてきていました。記事のギャラもこの十数年、値下がりこそすれ、上がることはありません。幸い私の場合、記事の執筆に加えて観光による地域活性化、インバウンドマーケットへの取り組みなどといったテーマで講演をしたり、アドバイザー的な仕事のお声がけをいただいたりと、多角的に旅に関連する仕事を得ていたのでひとりで暮らしていく程度には収入はありました。ただ、フリーランスのトラベルジャーナリストの大変な点は経費がかかることです。新しくオープンしたホテルやリゾート、トレンドになりそうな観光地、新興観光国の視察など、国内外の取材に必要な経費はかなりのものです。一部、ホテルやエアライン、観光協会などからのご招待もありますが、現地でのチップ、資料の購入、スケジュール外のレストランや観光施設のチェックなど自己負担が必ず発生します。なかには完全自腹で行う取材・出張も多いので、毎年相当な出費になっていました。でも、それはこの仕事をするうえでは当然のことでもあります。必要であれば自己投資をして取材をすることはジャーナリストとして当然のこと。実際に経費をかけて旅をすることで旅行者としてのリアルな視点・実体験も生まれます。「自分が見たものしか書かない」「招待でも自己負担でもジャーナリストの視点は欠かさない」――。私が旅について書く際のルール、というよりも信念がそこにはあります。

ゆるやかに落ちていく体力と気力、そして年収。取材回数をこなして経験値を積み、さまざまな情報をインプットしそれを記事や講演、アドバイスなどで回収するといったこれまでの仕事のスタイルを60歳を超えてもやっていく実感が私にはありませんでした。

それが偶然、伊豆大島の古民家と出会ったことで急転直下。島ぐらしへとつながっていくのですから、人生は何が待っているかわかりません。目の前に何かチャンス(と思えるもの)が現れたときにそれをつかむか、あるいは見過ごすか。直感とこれまで積み重ねてきた自分らしさとこだわりがあれば、常に道は開けるのでは、としみじみ感じています。体力と収入がまだ安定した60歳直前というのも決断への大きなはずみになったとも思っています。

60歳前にやっておいたことのひとつに遺言状作成があります。

両親、伴侶もなく子どももいない。この場合、法律的には血縁のある姉に、姉が亡くなっていたらその子どもたちに私の財産は譲られることになります。葬儀・火葬なども彼らに託されることになります。両親を看取り、葬儀・相続などをひととおり経験して思ったのは、故人がきちんとどうしたいのかを明示することが残された者にとっては非常に助かるということでした。だから、今のうちにしっかりと遺言をつくってしまおうと考えたわけです。いろいろと調べたところ銀行には遺言信託があると知り、某銀行の遺言プランに問い合わせをしました。２０１８年の後半、56歳のときでした。

やってみてわかったのは、遺言書の作成はものすごく大変だということ。まずさまざまな必要書類を取り寄せること。当然ですが法的相続人が誰なのか、ほかにいないかなど、すべて精査します。私本人を証明する戸籍、兄弟の確認書類、さらに父親や母親に隠し子がいないかまで確認します。「そんなことあるわけないでしょ」と思うかもしれませんが、意外に戸籍を調べてみると見つかるものだそうです。そして、財産と呼べるものの洗い出しとリスト作成。大した額ではないですが預貯金などをあらためて確認していきます。伊豆大島の古民家を購入したので、その不動産の取り扱いも考えなければいけません。当然、いちばん重要なのが自分の意志です。誰に、あるいはどこへ何を寄贈したいのか。自分が一生かけて遺したものをどう処理していくのか。

正直、かなり悩みました。担当してくれたのはベテランのNさんという女性。メールでのやりとりから実際に会って書類を渡したり確認したり非常に親身になって取り組んでくれました。途中からは新型コロナ感染の拡大でやりとりが滞ってしまうこともあり、最終的に正式な遺言状ができ上がったのは２０２０年7月。ほぼ2年間かけての作成になりました。これにより、私が死亡したタイミングで遺言信託の効力が生じ、相続のすべてを銀行が代行してくれることになります。銀行への手数料はかなり高額になりましたが、残された身内、親族の負担が軽減され、さらに私が希望とする財産寄贈が確実に行われる安心感には代えられません。死んでいくにもそれなりの費用がかかるわけですが、これでひとつ大きな宿題を解決した気分でした。

「終活」とはよく言ったもので、遺言書の作成のみならず、歳を取るとやり残したことのあれこれがとても気になります。その中で大きなことが身辺整理でしょうか。「断捨離」などと言いますが、つまりは不要なものを整理して処分することですね。実家じまいの際、かなり苦労したので自分自身が元気なうちに不要なものを片づけようと思っていました。もともと雑多に物が多い空間は嫌いで、スッキリさせたい性分。都心に住んでいたころから、夜中にいきなり片づけ始めたり掃除をしたりする習性のようなものがあったほどで、日ごろから自分にとって必要なもの、不要なものを選択することを心がけていたことは大きく、いらないと思ったらあっさり捨てることに抵抗はありませんでした。

伊豆大島に引っ越した際も、30年近く使って経年劣化した本棚や机などはすべて処分しました。今後、執筆は古民家1階のカフェ店内で行うからです。業者に頼めば楽ですが、費用は決して安くありません。カレンダー片手に区の粗大ゴミの手続きを行い、指定日に搬出することを繰り返し、なんとか自力で処分していきました。このときの教訓は、いつかゴミにすることを想定し、取り扱い説明書と付属品は保管しておくこと。解体の仕方、ネジを取り外す金具などが見つからず苦労したからです。

資料以外にも活字好きとしてかなりの本もありましたが、手放せないものだけを残し、「ブックオフ」や売り上げが国際ＮＧＯなどに活用される「チャリボン」に寄付。ずっと着ていなかった服はチャリティに寄贈するか思い切って処分しました。いくつかメルカリで商品を売ったこともありますが、このやり方は時間と発送の手間がかかるので私には合わず、すぐにあきらめました。

いちばん、多かったのは40年近く旅先のアンティークショップや骨董市で買い集めてきた雑貨たち。アンティークというよりも「コレクタブル」と呼ばれる嗜好品の数々です。古いポストカード、ティーカップ&ソーサー、時計、ボンボニエールと呼ばれる小物入れ、古い布や古いボトルなどなど。私にとってはいずれも旅先の思い出が詰まった品々ですが、自分がいなくなったらただのガラクタになるようなものも多い。

そこで古物商の認可を取得し、カフェで販売することに決めました。手に入れた波浮港の家にボロボロで取り残されていたガラス棚を修理してそこに並べてみると、これがなかなか立派なコレクション！　値段も手に届く範囲にちょっとだけ思い出分をプラスしたものに。ありがたいことに開店後は購入してくれるお客さまが少なくありません。どこでどういう風にして手に入れたのか。そんなことをお伝えしながら、興味を持ってくれた方に託し、連れて帰ってもらう。私が時間をかけて集めた物たちが新しい持ち主のもとへ旅立つようで、いつも心の中で「ありがとう、いってらっしゃい」と見送っています。

物にも人にも寿命があります。形はなくなっても思い出は残ります。自分もやがて誰かの記憶の一片になればいい。そう思えば、物を手放すことも怖くなくなるのではないでしょうか。

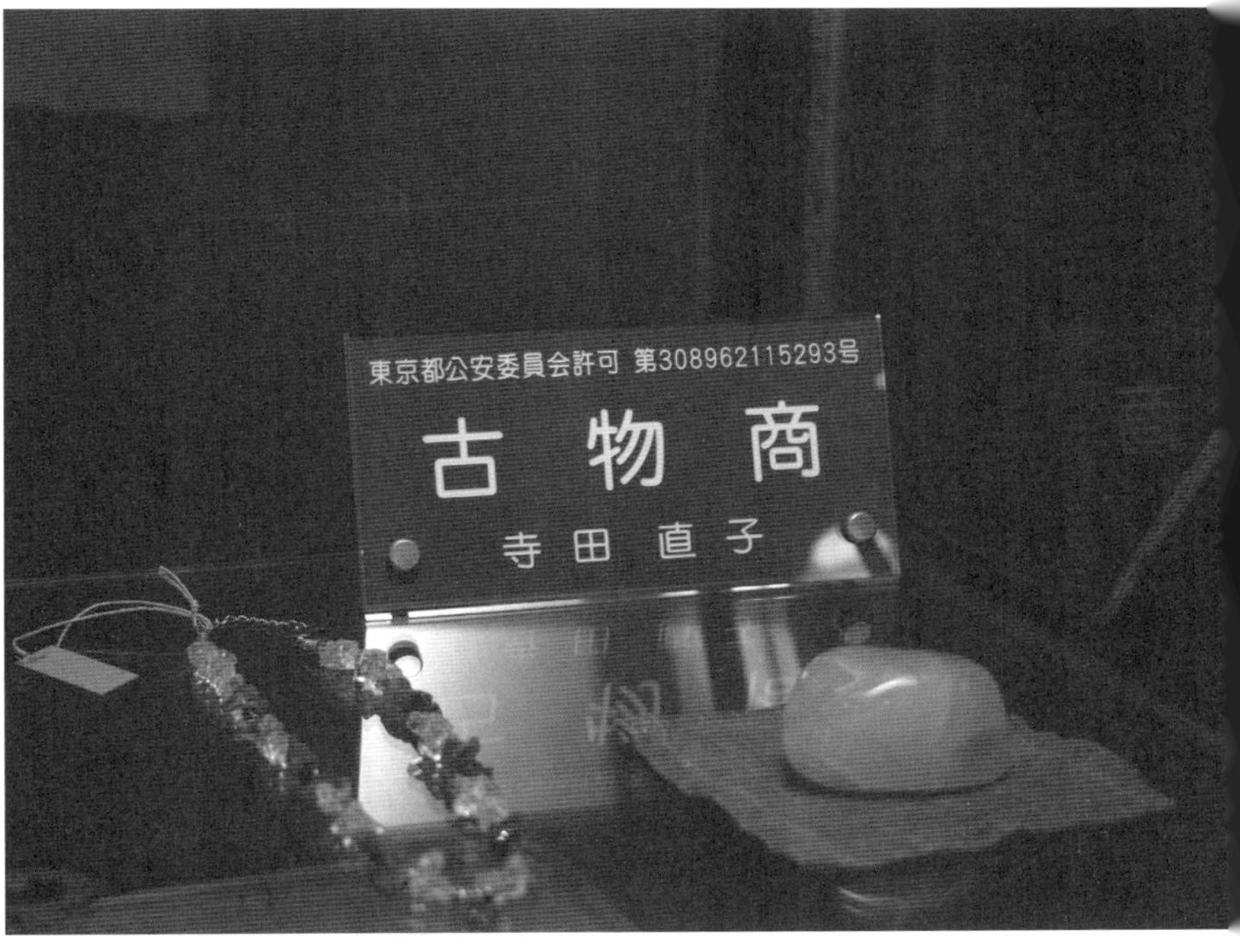

台風直撃！　そして工事が止まった

２０１８年３月に古民家の不動産売買が成立、７月に設計士・井田耕市さんのワークショップに参加、８月に伊豆大島の物件をご案内して設計を発注、そして９月にＤ工務店に改修を依頼。ですが、とんとん拍子に進んでいったのはそこまで。そこからは設計・工事についてはいっこうに進みませんでした。突然、決まった物件購入ですし、井田さんもＤ工務店もすぐには動けません。

それはもちろん、私も同じこと。海外だけでもほぼ毎月。それに加えて日本全国の取材にも飛び回っていました。その合間に、カフェ開業のための打ち合わせやら購入した家のゴミ出し、さらに伊豆大島の住民になったことによる各種手続きのために島と都心とをタッチアンドゴーで行き来すること数回。思い返せば、自分ながらよく動き回っていたものです。

そんな東京と伊豆大島のダブルスタンダードをこなし、2018年は過ぎていきました。その間も井田さんはメールのやりとりをしながら私の意向を汲み取った設計を着実に進めてくれていました。完成に近い精度で仕上げた設計模型を見せてくれたのは、年末に近づいた11月後半。打ち合わせ場所に持参してくれた模型は、実際のハブカフェそのままといえるほど私のイメージどおりでした。

ハブカフェの裏にはかつて波浮港の漁業協同組合が使っていたコンクリート製の古い貯氷庫があります。島の友人たちの協力をもらい古い史料を調べたところ、昭和9年に建てられたもののようでした。以前の家主さん一家は使わなくなった貯氷庫の壁に穴を開けて出入りできるようにしていたのですが、その空洞まで模型でちゃんと表現されているのには思わず笑ってしまいました。平面図だけでは浮かび上がってこないイメージが模型を見ることで立体的になり、動線も見えてくる。井田さんの説明も模型を目の前にすることでスッと理解できます。それにしても設計士の多岐にわたる仕事の細かさには感心するばかり。プロはやっぱりすごい！

こうして設計図はでき上がっていましたが、２０１９年に入ってもなかなか工事は始まりませんでした。Ｄ工務店からの見積もりを待つ状態が続き、井田さんが何度か催促してくれて見積もりが出て、ようやく金額の折り合いがついたのが５月後半のこと。島に渡り契約書を交わして手付金を支払った６月、ようやく正式に工事着工となりました。

このあたりのスケジュール感は、おそらく案件ごとに変わるものだと思います。私の場合、カフェ開業の日程をしっかり決めていたわけでもないし、古民家の改修は初めてのことなので、少し進行がスローかなとは感じつつもこんなものかと思っていました。当時のメールを見返すと、私と井田さんは「もうそろそろ（見積もり）出してきてほしいですよねぇ……」といったやりとりを何度もしているので、井田さんも同じような肌感覚だったようです。結果的に工務店への依頼から正式の契約を交わすまでに９カ月ほどかかりました。

同じころ、もうひとつ私の人生に加わったものがありました。車を購入したのです。

それまで島に行ったときはレンタカーを借りていたのですが、出費もかさむし、毎回の契約手続きが面倒なこともあり、いずれ島で暮らすには必要になることもわかっていたので、島内で中古車を探すことに。友人や知人、居酒屋で隣り合わせた見ず知らずのおじさんなど、いろいろな人に「島で中古車を買うならどこがいいですか?」と聞いたら、なんとすべての人がこう答えてくれました。

「M店さん!」

ネットで検索するとすぐにヒットし、電話をして中古の軽自動車を買いたいことを告げました。若いスタッフの電話対応も元気がよく、好印象。「何台かあるので見に来てください」と言うので、早速伺うことに。

伊豆大島は島をグルリと大島一周道路が走っています。正式名称は東京都道208号大島循環線。M店は岡田という島の北部にあります。

のんびりバスに乗ってM店に到着。「今だとコレがいいと思います。車検もまだついていますし」と指してくれたのが、淡いピンク色の軽自動車。「じゃあ、それください」と即決。値段は35万円でした。こういうとき私の決断は速いのです。自分に必要なもので、予算内であれば問題なし。ピンク色は普段なら選ばない色ですが、車は足代わり。一生モノの高級車を買うわけではないので見た目はまったく気にしません。私の即決に若干、とまどいながら「ええ、あ、ハイうけたまわりましたぁ！」とM店の元気なお兄さん。こうして手に入れた愛車は現在もしっかり活躍してくれて、頼りになる相棒です。

そんなこんなでやっと工事がスタート。あとは基本的に井田さんと工務店側で進めてもらうことになりました。そんなときに伊豆大島だけでなく関東地方に大きな被害をもたらす災害が起きました。

台風です。

２０１９年９月５日に発生し、８日から９日にかけて記録的暴風となった台風15号（ファクサイ）。小笠原諸島から徐々に北上し、まるでトレースするように伊豆諸島の島々に近づき、８日夜には神津島沖合で中心気圧９５５ヘクトパスカル、最大風速は毎秒45メートルもの「非常に強い」勢力のまま関東に近づいてきました。
９日早朝には千葉県南部に上陸、アメダス千葉が最大瞬間風速57・5メートル毎秒を記録し、当時、観測史上１位となっています。すさまじい風雨で千葉県のゴルフ練習場の鉄柱が倒れたニュース映像を覚えている方も多いことでしょう。この台風により、東京都をはじめ１都６県で死傷者が出て政府により激甚災害に指定されました。

この台風は、伊豆大島にも大きな被害をもたらしました。なかでも波浮港のある南部に被害が集中。台風の接近方向と風向きがその原因とされています。私はそのときベトナムに取材中で、ネットのニュースや家族からのメールで台風の関東直撃を心配しながら、工事の進捗を見守っていました。伊豆大島がどうやらすごいことになっていると聞かされ、何かできないかと考えて設計士の井田さんに、こうメールを送っています。

井田さま

お世話になります。

少しご無沙汰してしまいました。ただ今、ベトナムにいます。

昨晩の台風は大丈夫でしたか？　調布に住む姉が風がすごいとメールしてきました。

伊豆大島は現在も停電・断水中が多く、かなり被害があったようです。波浮の家の状況が知りたいところですが外壁と屋根の修理が済んでいたので大丈夫であろうと願っています。

今後、島内では被害のあった家や店舗の修復がかなりの量であるはずです。Ｄ工務店さんにぜひそちらを優先するようお伝え下さい。私のほうは島の復旧後で構いませんので。

今月後半に一度、島に行く予定でしたが状況次第になりそうです。

取り急ぎ。

寺田

実は、私の古民家の改修でD工務店が工事で最初に取りかかったのが屋根でした。間もなく台風シーズンだからまず屋根を、そして外壁をやっておこうとの棟梁の判断でした。玄関もベニヤ板をしっかり貼ってくれていたので私の家はこの台風でもまったく被害がありませんでした。島の環境に詳しいD工務店の英断です。井田さんからのメールにもとりあえず問題ないこと、私の思いはD工務店に伝えておきます、と返信がきました。

そして台風一過。島の人たちのSNSで伊豆大島の被害を次々と知ることになりました。「屋根が吹き飛んだ」「店舗が崩壊した」など被害の大きさがわかります。大島だけでなく千葉などの首都圏の被害もニュースに流れてきます。この年の3月にオープンしたばかりの波浮港の友人のゲストハウスも屋根が吹き飛ばされるという被害にあいました。

持ち主として工事中の家の確認もあり、私が伊豆大島に向かったのは台風から10日後のことでした。

足場が組まれた家はまったく問題なし。屋根と外壁をしっかり補強してくれていたおかげです。でも、2軒隣のお宅は屋根が吹き飛ばされたそうで、青いビニールシートがかかっています。その隣の空き家も強風で家の一部がはがされて無残です。友人のゲストハウスも屋根の部分がすっかりありません。隣接した商店も半壊。もともと古い建物だったので持ちこたえられなかったのでしょう。これまでもジャーナリストとして国内外の被災地を取材してきましたが、自分と密接に関わる人や場所が激しい被害にあうという現実は想像以上にショックでした。台風が去り、驚くほど青い空と太陽のもとでそんな光景を見ることはとてもつらいものでした。波浮港のある南部地区以外でも民家や商業施設の被害は多く、島をレンタカーで回っているといかに台風の威力がすさまじかったのかを実感しました。

D工務店も含め島の大工、電気工事など技術関係者はこのあと、被災された家々の修復にしばらく取りかかることになりました。私の古民家改修も一時、中断。ですが、ものごとには順番があります。まずは島の日常が元どおりになることがいちばん大切。そう思いながら、そのとき目の前にある、自分ができることを少しずつやっていこうと決めたのでした。

◀「ハブカフェ」へと改修が進む古民家

バリスタスクール&料理教室に入学する

台風が伊豆大島を直撃するという自然災害にも見舞われた2019年は、そんな中でも忙しい取材の日々と並行して少しずつ島ぐらしとカフェ開業に向けて動き出していました。

まず決めたのが、バリスタ養成のスクールに通うこと。校正者スクールに続き、再び学校通いです。

コーヒーが大好きとはいえ、それまでは自分のために気になった好みの豆を購入してはハンドドリップで淹れる習慣があっただけ。カフェをやるからにはその技術を磨くことはもちろん、大事な課題があります。

それは、エスプレッソマシン。濃く苦めのエスプレッソとミルクフォームでつくるカフェラテは私も大好物です。今でこそ街中のカフェでよく見かけるエスプレッソマシンですが、自分で扱ったことはありません。自分の経営するカフェでも当然、ラテは出したいメニューの最大のもの。そのためにはバリスタの仕事を学ぶ必要がありま す。バリスタとは「バールで働く人」という意味のイタリア語。イタリアでバールと はエスプレッソマシンのある簡易なカフェを指します。朝、仕事に行く前に立ち飲み で小ぶりのデミタスカップに入ったエスプレッソをクイッと飲む。それがイタリア流 の楽しみ方で、バールは日常に欠かせない場所です。そこで働く人がバリスタ。手慣 れた様子でエスプレッソを淹れる姿はプロフェッショナルそのもの。自分のカフェで 本場バリスタのようにエスプレッソマシンを操る姿を想像しながら早速、スクール探 しです。

「バリスタ・東京・スクール」で検索するといくつか施設が出てきました。さて、ど れにしましょうか。んん？　おお結構、料金が高いじゃないですか。

日本には日本バリスタ協会（ＪＢＡ）というプロのバリスタを認定する団体があり ます。ここが指定する専門学校を選べばＪＢＡ認定バリスタの資格を得ることができ ます。でも、内容を確認すると学習期間が１～２年とあり、それはさすがに無理です。

そこまで本格的でなくてもいいので……と探すと、出てくるのは社会人向けの趣味的なセミナーばかり。ちょうどいいのは意外にないものです。それでもあれこれ検索しているうちに、ヒットしたのが一般社団法人ジャパンフードビバレッジビジネスアカデミー（ＪＦＢ）という団体。どちらかというとバーテンダー養成に重きをおいているようですが、カフェスクールがあり、短期集中で受講費用も抑えめです。その中で私が注目したのが個人授業コース。日程や時間帯などを都合に合わせて選べることはジャーナリストの取材をしながらの私にはとてもありがたいことに加え、完全にマンツーマンで学べることも最大のポイントになりました。短期間に自分の得手不得手を確認し、技術の精度を上げるには個人授業が最も効果的なことは、これまで英会話などを学んできた際に実感したことです。学校があるのは東京駅近く（現在は移転）。そのころ、住んでいた市ヶ谷からも近いので通学も楽です。ということでこれに決定！ＪＦＢの「カフェドリンク個人授業コース」に応募することにしました。受講時間は全18時間。毎回２時間×週１回、４カ月ほどかけて学ぶスケジュールです。開講は２０１９年１月。学ぶ内容は以下のとおりです。

1　コーヒーの歴史・コーヒー豆の種類、コーヒーの抽出方法の種類、紅茶の種類
2　エスプレッソタイプのコーヒー（カプチーノの基本、アレンジカプチーノ）
3　ドリップコーヒーの基本（コーヒー、アイスコーヒーの作成）
4　開店準備・保健所の申請・原価計算算出方法・カフェの損益分岐点等の経営講義
5　エスプレッソとカプチーノの同時抽出の練習
6　シェケラート（シェーカーを使用したアイスエスプレッソ）の作成
7　サイフォンの基本・ネルドリップの基本、フレッシュジュースの作り方・スムージードリンク
8　カフェアルコールメニュー（アイリッシュコーヒーなど）、エスプレッソとカプチーノの同時抽出の練習（復習）
9　アレンジコーヒーメニューの制作（シェーカーを使ったメニュー）
10　各技術の総復習

4カ月かけて私はこれらの授業を受け、無事、修了証を手に入れました。

プロのバーテンダーである講師から直接、教えてもらうことはとても有意義なものでした。わからないこともその場で確認でき、自分だけのために有効に時間を使えるのは個人授業ならでは。時間に余裕があればグループ授業もありだと思いますが、私にとっては価値のある経験でした。

もともとコーヒーが好きで、国内外のカフェを訪れることも多く、生産地の取材なども重ねてきているため、それなりにコーヒーについての知識はあると思っていました。でも、実際にマシンや器具を使って淹れることや、カフェというビジネスをするための原価計算など知らないことばかり。特に私の中でハイライトともいえるエスプレッソマシンの扱いと、それを使って安定したクオリティの〝商品〟をつくることは最大の課題でした。なかでもカフェラテのミルクフォームのつくり方の難しいこと！シルキーなミルクフォームはカフェラテの最重要ポイントです。スチーマーに入れる角度、温度などによってまったく別のものになってしまうので、安定してつくることが大切。何度も何度も講師の前でやってはダメ出しされ、なんとかラテアートの基本であるハート模様をつくれるようになったものの、形は不完全。ミルクを毎回使うのはもったいないので、自宅では水を入れてカップに注ぐ練習を繰り返し行ってみては試行錯誤。実は、いまだにラテアートは苦手です。

バリスタのスクールと並行して探したのが料理教室でした。カフェなので食事メニューを出す予定は当面ないのですが、自分自身のスキルアップと、どの程度、料理ができるのか確認したいこと、さらに料理の基本をきちんと学びたいという思いがあったからです。

料理スクール選びは、それこそ多種多様で、非常に多くの施設、コースがあり、バリスタスクール以上に選ぶのに苦労しました。というのも、料理教室の多くはひとつのアイランド型キッチンを数人で使用するグループ制になっていて、それは料理を最初から最後まで自分ひとりでつくることができないということでもあります。「私がこれを切るので、あなたはそれを茹でてくださいますか?」という感じなので、基本をおさらいしたい私にとって意味がありません。

さんざん探して出会ったのが、錦糸町の「よみうりカルチャー」。1人1台のキッチンを使って学ぶクラスでした。月に1回のクラスだったので、せっかくならと同時期に行われるスパイスカレーのクラスにも申し込みました。錦糸町にはほとんど行ったことがありませんでしたが、駅ビルにあるので便利。受講スタートは4月からの半年間です。持ち物はエプロンとフキンと筆記具とあり、錦糸町の駅ビルをうろうろして、とりあえず見つけたシンプルな麻のネイビーのエプロンを購入。これは今も愛用中で、かなり擦り切れてきたのですが当時の思い出もあり、気に入っているのであて布をして現役で活躍してもらっています。

料理クラスは毎月、講師が提案した料理（主菜＋1、2品の副菜）といった構成で、スケジュールはこんな感じでした。

4月　キッシュ、ミラノ風パン粉焼き
5月　カニとトマトと卵の炒めもの、焼き豚
6月　イワシをさばく　イワシのつみれ汁、梅干し揚げ
7月　ラタトゥイユ、ミートソース
8月　卯の花、切り干し大根の煮物、牛丼
9月　八宝菜、エビのチリソース

授業は2時間。この時間でテーマの料理をすべてつくるのですからとにかく段取りが大切になります。料理の火入れなど美味しくなるポイントも考慮しながら、どういう順番に調理をしていくのか、そのコツを教えてくれるのがクラスの大きな特徴でし

た。グループでなく自分ひとりでつくれるので気をつかうこともなく集中できるのがありがたかったです。こういうスタイルの料理クラスは割と需要があると思うのでもっと多くてもいいのでは、と思います。

２０１８年は校正学校に入学、19年はバリスタとスパイスカレー、そしてお料理教室と、はからずも60歳間近にして学生生活に突入することになったわけですが、このときに学んだことは今もしっかりと役に立っています。何よりも知らないことを吸収する喜び、学生として講師やほかの生徒たちと交流するという時間は、人生に深みを持たせてくれたと感じています。

波浮港にハブカフェがオープン

２０２１年2月13日土曜日、ハブカフェがオープンしました。

実は、正式オープンは前日の２月12日でした。というのは、この年の２月12日は新月。長年、ガイドブックの制作に関わってきたインドネシア・バリ島では、新月は始まりのときとされているからです。

新月は月と太陽がピタリと重なり、地球から月が見えなくなること。つまり、月光が一切地上を照らさず、そこから月の満ち欠けが始まります。バリ島の新年も必ず新月の日に設定され、一年で最も大切な日。人生の新しいスタートとなるカフェ経営にふさわしいと思い、この日に決めました。

ということで、実際にお客さまをお迎えするのは営業日となる13日からでしたが、前日はお世話になった島の友人たちを招いてお披露目をすることにしました。偶然、友人の女性写真家・山口規子さんがご自身の写真撮影ツアーの下見で伊豆大島に来ていたので、彼女にもお声がけ。翌日からの慣れないカフェの営業に緊張気味でしたが島内外の大好きな人たちに囲まれて、現場スタートです。

さんざん脳内シミュレーションをしてきましたが、実際にコーヒーを淹れ、接客をしてみると課題が見えてくるものです。複数人にベストなタイミングで異なるドリンクメニューを出すタイミングや、作業の途中で洗い物をする間隔。コーヒーやミルクを置く小皿がなかったり、カップの数が足らなかったりと、実際にやってみてわかることばかりでした。

客側として友人たちの本音での意見やアドバイスもとても参考になり、ありがたいものばかりでした。これまでひとりで生きてきたと生意気にも思っていましたが、こうして多くの人たちに支えられて自分があるのだということをこの日、あらためて再認識。彼らの応援の言葉と笑顔に、明日のオープンに向けてささやかな勇気をもらった思いでした。

ハブカフェの営業は土曜日から火曜日の週4日です。水曜日から金曜日は定休日にしました。「え、週4日だけなの？」と言われることもありますが、これはあらゆる角度から深くじっくり考えて決めたものです。

まず、ひとりで切り盛りするワンオペ（ワンオペレーション）でどこまでできるか見極めがつかなかったこと。仕込みや営業日の労働など、なにしろ初めてのことですから実績・経験がありません。無理をして中途半端なサービスになるのであれば、最初はゆるやかにやっていこうとハードルを下げました。

お店の評価やイメージは初動で決まるといわれます。当然ながら初めてご来店されるゲストばかり。小さなミスや低い満足度がそのまま口コミで流れる可能性はとても大きいです。「期待して行ったけど大したことなかった」「素人の接客だった」なんて、どれも致命的です。もちろん完璧にこなす自信はこちらにもありません。私ができることはたったひとつ。丁寧におひとりおひとりに接客をさせていただき、サービスするだけでした。そのためには売り上げよりもまずは、心と身体の「ゆとり」が必要だと考えたのです。

もうひとつはトラベルジャーナリストとしての仕事の時間も取る必要があったこと。オープン時は新型コロナまん延中で、国内外の取材はありませんでしたが、それ以外での執筆の依頼はありましたし、連載も数本抱えていました。こちらも大事な仕事であり、期待にしっかり応えないといけません。当分、取材で島を出ることはなさそうだったので、長年、培った経験値から割り出して、執筆時間としては1日か2日あれば大丈夫と判断。そして1日は自分のため、というか休息日。当分は心身ともにハードな日々になりそうだったので、しっかり休む日も必要だと考えたのです。年齢的にも無理がきかなくなってきていましたからね。


ハブカフェのメニューは実にシンプルです。コーヒーをメインにそれに合うようなサブ&フードメニューとなっています。

まずは、ドリンク。

・ドリップコーヒー
・カフェラテ
・エスプレッソ　シングルまたはダブル
・アフォガード
・アメリカーノ
・アイスコーヒー
・紅茶　ホットまたはアイス
・ホットチョコレート
・ジュース

基本となるのはなんといってもコーヒーです。ハブカフェではペーパーフィルターを使いハンドドリップで淹れる2種類のスペシャルティコーヒーと、イタリア製マシンで抽出したエスプレッソを使ったカフェラテ系を2つの柱にしています。

ハンドドリップは深煎りと浅煎りの2種類から選んでいただきます。開店当初から使っているのは調布市にある焙煎所カフェカホンの豆。全国からいろいろと豆を取り寄せた中から決めました。店主の平村潤雨《じゅんう》さんは南米など世界の農産地を巡り、厳選した個性的なコーヒー豆を販売。私が好む味、スタイルの豆も多く、知識も豊富で信頼をおいている大切な存在です。

豆は季節・仕入れによって不定期に種類を変えています。飽きないようにしたいこともありますが、何よりも私があれこれ試したいから。注文ごとに豆を挽き、ゆっくりと手作業で淹れていきます。挽いた豆の香ばしさ、淹れ

ているときのあふれるアロマ。これこそコーヒーの醍醐味、至福の瞬間です。予想していたよりも島にはコーヒー好きの方が多く、そんなお客さまにも喜んでもらっている自慢の一杯です。

エスプレッソマシンを使ったエスプレッソとカフェラテも人気です。豆は本場ナポリから空輸されたエスプレッソ用の豆。パンチのある苦みとコクをしっかり感じ、エスプレッソ好きに好評です。ラテに使うのは伊豆大島産の大島牛乳（詳細は153ページ参照）。甘みとサラリとした飲み心地が特徴です。牛乳本来の風味を残すため「高温保持殺菌」という特殊な殺菌法を行っているため、賞味期限が短いので島外にはほとんど出回らず、観光客の皆さんにも「飲んでみたかったんです」とたくさんご注文をいただきます。

予想していたよりもご注文が多いのが、ホットチョコレートとアフォガードです。ホットチョコレートはコーヒーを飲まないお子さま用にとメニューに加えてあったのですが、これが女性客や意外なことに男性陣からもご注文が多く、特に肌寒くなる秋から冬の時期になると注文は倍増します。ふちまでタップリ注ぐのがハブカフェ流。カップの脇にはビスケットをひとつ。ホットチョコにつけて食べてもらう趣向です。どなたもコックリ甘いひと口にホッとされる様子が、見ているだけで微笑ましい。

そしてアフォガード。イタリア語で「おぼれる」という意味を持ったアイスクリームにエスプレッソをかける伝統のスイーツ。ここでも使用するのは大島牛乳で作った大島アイスです。苦みと甘み、温かいエスプレッソとひんやり冷たいアイスクリームの絶妙さ。毎回、こちらを注文されるご常連客もいらっしゃるほどで、看板商品のひとつになりつつあります。

そして、フードメニューです。

・さくフワ厚切りトースト
・こんがりセイボリーなレーズントースト
・みんな大好きピザトースト

こだわったのは可能な限り伊豆大島の食材を使うこと。パン、バター、アイスクリーム、塩、野菜、そして椿油といった島の特産品を使用しています（パンについては146ページ参照）。

本当はランチメニューなども加えたいところですが、やはりワンオペではそこまでできません。また、食品ロスにならないようにするには週4日の営業ではうまく仕込み分を消化できないといった課題があり、現在のところは、このメニュー構成になっています。

どのメニューも人気なのですが、やはりピザトーストが一番でしょうか。ピザソースにタマネギ、ピーマン、厚めに切ったサラミ、そしてたっぷりのチーズ。これをトースターでこんがりと焼き上げれば完成です。ピザソースをパンの隅まで塗るのが私のこだわり。厚さ、ボリュームなど私が食べたいと思うピザトーストに仕上げています。

もうひとつ、ハブカフェのおすすめとしているのがタバスコの代わりにピザトースト用に出している地元ブランド「TARO'S」の青唐辛子の粉末。青唐辛子は知る人ぞ知る伊豆大島の特産品です。その青唐辛子入り醤油に魚の切り身を浸けてにぎったものが郷土料理の「べっこう寿司」。島民はワサビの代わりに生の青唐辛子を醤油皿に入れ、箸で好みの辛さにつぶして刺し身を食べます。その青唐辛子を粉末にしたものをピザソースにかけてもらうのです。これも、開業前に島の特産品をいかせないかあれこれ考えていた際にひらめいたアイデアでした。商品の存在は知っていたのですが、その美味しさを知ってもらうには食べてもらうのが一番。でも、青唐辛子の粉末をそのまま味見してもピンとこない……。試しにピザトーストにふりかけたら、美味しい！辛いものがお好きなお客さまに好評なうえ、大島ならではのユニークな食べ方として観光客のニーズにもささりました。「ハブカフェで食べて美味しかったのでお土産に買って帰りました！」というお声もたくさんいただきます。私も伊豆大島の生産品の宣伝に、と思い積極的にアピール。ちなみに本当に辛いものがお好きな方はタバスコとこの粉末を〝あいがけ〟して楽しんでいらっしゃいます。ピザソースだけでなく、うどんやそば、塩焼きそばにふりかけても絶品。ぜひ、味わってもらいたい伊豆大島の自慢の逸品です。

激辛
青唐がらし粉末
McILHENNY CO.
TABASCO
BRAND
PEPPER SAUCE

食材は伊豆大島産

伊豆大島にはコンビニエンスストア、大型ドラッグストア、家電量販店などはありません。買い物はもっぱら数軒ある地元スーパーか個人商店です。店はそれぞれに個性があり、「魚を買うなら〇〇」「総菜やお弁当が美味しいのは〇〇」と、島民は好みに合わせて使い分けています。

ごく一般的な生鮮食品や日用雑貨、ドリンク類などは問題なく手に入りますが、たとえばイタリア製のブランドパスタやエスニックなアジアンスパイス、話題のスイーツといったこだわりの商品は都心のように豊富とはいえません。どうしても欲しいものはインターネットで取り寄せるのが島民の定石です。そして、価格は高めです。大手スーパーのように量をさばくことができないうえ、すべての商品は船で海上輸送されるわけですから、その分のコストが加算されます。缶ビールやペットボトルのドリンク類も都心より10~30円ほど高いでしょうか。

何よりも島に来て驚くのがガソリンの値段です。もともと都心よりも高かったのですが、コロナ禍や不安定な世界情勢の影響などで現在、島内では1リットル200円を超えるまでになっています。観光客も、レンタカーの返却時にガソリンスタンドで給油してその金額に驚愕しています。海上輸送コストがかかってくる特殊事情から高いのはわかりますが、車が不可欠の島ぐらしとしては非常に痛いところ。とはいえ、ここは周囲約50キロの小さな島。長距離移動もなければスピードを出す高速道路もありません。それに島での最高速度は40キロ。実に経済的にゆっくりと走ることになります。

島ぐらしでうれしいのは、「はい、これとってきたから食べて!」とご近所さんからのいただきものがとても多いこと。自家の畑で採れた旬の野菜や、ときには釣ってきたばかりの魚や貝、イカなどフレッシュな食材が連日のように届きます。

冬には大ぶりのダイコン(畑から採ったばかりの泥付きのまま!)、春になるとキヌサヤ、ブロッコリー、そして伊豆諸島の名産アシタバなど。その合間にはタラの芽、

フキノトウといった山菜。夏になるととびっきり新鮮なトマトやキュウリ、そして秋ともなれば原木シイタケや自然薯などなど。季節の恵み、島の恵み、そして島民の皆さんの気持ちに感謝するばかりです。

昔から島の人たちは、こうして限られた島の環境の中で助け合い、食べつないできたのでしょう。今もその暮らしぶりがこの東京の島で継承されていることをうれしく思います。

そのうち私も、畑をやったり目の前の港で釣りをしたりと、自分で食材調達をしていこうかな、なんて考えたりもしていますが、今はご近所さんからいただく旬の味をありがたく楽しませてもらっています。

こんな島ぐらしですからハブカフェで出すメニューにも、コーヒー以外は可能な限り伊豆大島産の食材を使用するよう心がけています。

そんなハブカフェ御用達の食材と生産者さんを紹介しましょう。

【黒潮作業所】

トースト類に使っている食パンは、島内にある「黒潮作業所」が焼いています。黒潮作業所は社会福祉法人「大島社会福祉協議会（社協）」が経営する就労継続支援（B型）と呼ばれる障がい者の雇用を担う施設で、その作業の一環としてパンを製造しています。添加物を一切加えずに、国産小麦、大島の塩、テンサイなど良質な素材を使って焼き上げたパンは本当に美味しい。島内のスーパーマーケットに置いてあるのを見つけて、何度も試食を繰り返し、ぜひともハブカフェで使いたいと作業所に直接コンタクトをしました。

何かを依頼する際、私は可能な限り直接、自分自身で会い、お願いするように心がけています。長年にわたる雑誌やガイドブックの仕事で、国内外の一流ホテル、有名シェフから老舗店、町の食堂、さらに漁師さんや生産者さんなど数え切れないほど多くの場所、企業、個人の方々に取材や撮影のお願いをしてきました。その経験は、多少のことではひるまない度胸と交渉力をもたらしてくれました。

ポイントは私を売り込むことでも、また、カフェのため（だけ）でもないということです。私がその商品を心からすばらしいと思い、より多くの人たちに知ってもらいたいと強く願っていること。あとは、その商品を育んできた方々へのリスペクトを込めて、扱わせてもらいたいと誠実にお願いする点にあります。それは結果として、受け入れてくださる側にとっても新しい商機となり、宣伝につながる可能性にもなるということでもあります。

このときも黒潮作業所の電話番号を調べ、忙しくない時間帯を選んで所長の下司恵子さんとお話しさせてもらい、ごあいさつの段取りをつけました。私の思いを汲み取ってくれた下司さんはパンをカフェに卸すことを快諾してくださり、今ではハブカフェの看板メニューに欠かせないものとなっています。

使うのは最も適した厚さにスライスしたホールウィート（全粒粉）とレーズンブレッド。ピザトーストならタマネギ、ピーマン、サラミ、チーズをのせてこんがりと。厚切りトーストやレーズントーストには伊豆大島の特産品の大島バターをたっぷりのせますが、ここにもこだわりが。少しコクを出したいと考えた私は、伊豆大島を代表する椿油をブレンドし、ホイップしてみたところ、これが相性抜群！　バターの塩味と椿油の風味が溶け合い、とても美味しく仕上がったのでした。

レーズンブレッドは、こだわりの1・2センチにスライス。この厚さがカリッとした焼き上がりと、レーズンみっしりの果実感を際立たせてくれます。何度も厚さを変えて試した結果、生まれた自慢のトーストです。いずれも伊豆大島でしか味わえないメニューに仕上がっています。

ある日、作業所で働く皆さんのレクリエーション活動として、ハブカフェに来店いただく機会がありました。私からも自分たちが焼き上げた食パンがどのようにしてカフェで提供されているのか知ってもらおうと以前からお誘いしていました。

当日いらしたのはスタッフも含め14名。全員にピザトーストをお出しする約束ですが、さすがに一度に提供することはできないので事前に仕込んでの提供となりました。職員を除き皆さんハブカフェは初訪問です。施設以外の場所でお客さまとして全員そろって食べるピザトーストです。お好みでアイスコーヒーやカフェラテも味わっていただきました。

自ら客になる。この経験は実はとても大事なことです。自分がつくったもの、それが野菜でもお米でもパンでも、最終的にどういう形になって消費者に提供されるのか知ることは、気づきにつながります。たとえば私が1・2センチにこだわってスライスしてもらうレーズントースト。黒潮作業所のレーズンブレッドを最大に美味しいと感じさせる厚さが1・2センチだと確信してのこだわり。1センチでも1・5センチでもダメ。それを実際にお店で味わってもらうことで、「ああ、この厚さだからこの食感となるのか」と気づきます。理由がわかってスライスするか、注文されたからやっているのかでは厚さに対する正確さも微妙に異なるでしょう。一流のホテルやミシュランの星を持ったレストランがときに従業員や生産者の皆さんを客としてもてなすことがありますが、サービスを受ける側の視点でホテルや料理を見ることで、その後の接客、生産物へのこだわりに明らかに変化が生じると聞いています。自分がつくった食材を「美味しい」と言って食べてくれる方がいるということは、仕事のやりがいや誇りにもつながります。黒潮作業所の皆さんにハブカフェのピザトーストを食べてもらうことにはとても大きな意味があったのです。

黒潮作業所の責任者・下司さんが、作業所を運営する思いを聞かせてくれました。

ここは2000年に開所しました。最初はクッキーを焼いていたのですが、毎日買っていただきたいとパンを焼くようになりました。私の父がパン屋だったので身近ではあったのですが、やってみると大変だけれど楽しかった。自分に合っていたんだな、と思っています。いちばん大事なことは作業所で働く方たちが、自分たちがつくったものが社会で認められていると実感できることですね。それが彼らにとって、とても自信につながるということがわかったことです。パンを焼くことが彼らの自己実現につながっています。

商品についてもこだわっています。どうせつくるならいいものをと思い、原材料にはとてもこだわり添加物は使いません。物価高で大変ですが、そこで妥協しないで美味しくていいものをつくっていくつもりです。

ハブカフェさんの存在はうちにとって本当にありがたいものです。うちの商品をメニューとして島の人や観光の方に届けてくれる。そういう場所が作業所のみんなにとってものすごくうれしいことなんです。最初、カフェで使用したいと相談されたとき、正直ちょっとかまえてしまいました。それまでそういうお付き合いをしてパンの卸しをした前例がないこと、作業所は社協が運営しているため、私の一存では決められなかったことなどがありました。でも、お話を伺ってぜひ、やりたいと思ったので社協のほうにかなり強く推したんですよ(笑)。この前、作業所の全員でおじゃましたときもすっと寺田さんがみんなを受け入れてくれて、本当に楽しかったようです。もう、ハブカフェさんはみんなにとって親戚のうちみたいな存在です。

私は80歳。そろそろと思って辞意はすでに伝えているんですが、社協が辞めさせてくれない(笑)。それにここは家族のような場所。現在、10名ほどの利用者がいますが、その多くは毎日通ってきてくれています。彼らもずっと通ってきて高齢化しています。そんな方々がいる限り、私も辞められません。願いとしては今、ここに来ていないけれど障がいを抱えた方が島内に少なくないので、もっと集まってきてもらえたらな、ということですね。ここを開所したときからの苦労を知っているのでつぶしたくないんです。新しい世代に託しながら守っていきたい。私の心に常にあるのは、「今のままでいいんだ。自分のままでいいんだ」ということを利用者が感じられる場所でありたいということです。それをこれからも私たちが焼くパンと同様に丁寧につくっていきたいと思っています。

▲下司さん（左）と黒潮作業所の皆さん

【大島牛乳】

伊豆大島には牧場があり、(株)大島牛乳が乳製品をつくっています。

かつて伊豆大島は酪農の島でした。昭和初期には1200頭あまりの牛が飼育されていましたが、島民の減少や大手企業の台頭などで、一度は工場閉鎖に。2008年、かつての島の文化を継承しようと、有志によって現在の大島牛乳として再スタートしました。現在、ミルク、バター、そしてアイスクリームを製造。いずれも手作業で仕上げるために生産量が少なく、また賞味期限も短いため門外不出。島に来たらぜひ、味わってもらいたい伊豆大島の自然が育んだ恵みです。

ハブカフェでは、トーストにバター、カフェラテにはミルク、アフォガードにはアイスクリームを使用。メニュー構成に欠かせないメインの存在で、ホルスタイン種の乳牛のミルクを使っている大島バターは白いのが特徴。見た目同様に味もサッパリとしています。これに少しコックリとした風味を加えたいと、いろいろ試行錯誤をした結果、椿油をブレンドすることを思いつきました。「椿の島」として有名な伊豆大島。椿油は髪につけたりスキンケアなど化粧品としてのイメージが強いですが、本来は食用として島で愛用されてきたもので、ハブカフェで使っているのは今でも伝統的な「玉締め製法」で手搾りする元町の高田製油所の椿油。ブレンドしてみるとほんのりと椿油特有の味わいとリッチなコクが生まれ、とても美味しい。ブレンドしてからホイップしているので、口どけもとてもなめらか。それをタップリと厚切りトーストに塗って口にほおばれば、サックリ&トロリの味のハーモニーが……なんとも幸せな瞬間です。バターと椿油の分量は企業秘密(笑)。でも、カンタンにできるのでぜひ、ご自宅でも試してもらいたいと思います。

パンにしてもミルクやバターにしても、客席わずか8席の小さなカフェで使う量はしれています。それでも、今までにないアプローチで観光客や島民の方に伊豆大島の美味しいものを知ってもらえることが、少しでも生産者の方々の励みになればと願うばかり。私自身、何よりも「わぁ、美味しい!」というお客さまの明るい声を聞くことがうれしく、やりがいにつながっています。

◀ 上写真:大島牛乳の牧場
下写真:島外にはあまり出荷されない大島牛乳と大島バター

消費期限
大島牛乳
OSHIMA
種類別
牛乳
成分無調整
大島牛乳

大島バタ
要冷蔵
大島バ
バター
製造
東京都 株式会社 大島

【ぶらっとハウス】

伊豆大島の野菜やフルーツ、卵、加工品などを買いたいときに立ち寄るのが、ぶらっとハウスです。ガイドブックにも紹介される島の観光スポットでもあり、イートインで提供する大島牛乳を使ったソフトクリームや多彩なフレーバーのジェラートは観光客に大人気です。

ここには島の生産者の皆さんが丹精込めてつくった新鮮な生産品が毎朝、届きます。季節によって並ぶものはもちろん異なります。山菜、キヌサヤ、ジャガイモ、ハクサイやキャベツなど季節ごとに旬の野菜たちがズラリ。それ以外にも島で栽培される御神火《ごじんか》レモン、アシタバ、島唐辛子といった特産品もあり、見ているだけでも楽しい。ハブカフェとしてはピーマンやタマネギなどピザトーストに使う食材をよく調達しますが、旬の野菜などを自分用にあれこれ買ってみるのも楽しいものです。

そのほかによく持ち帰るのが生花や鉢植えの植物。実は伊豆大島は花の栽培が盛んな島でもあります。なかでもブバルディアという小柄ながら可憐で華やかな品種は、伊豆大島が東京市場シェア1位を誇る花。品種改良も盛んで、それは愛らしいブバルディアが時期になると店頭に並びます。

ぶらっとハウスに立ち寄るもうひとつの楽しみは、スタッフの皆さんとの会話です。ハブカフェのお客さまでもあり、お互い顔なじみ。あまり混まない時間帯に行くので、のんびりとイートインでコーヒーを買って、野菜のことや島のこと、家族のことなどたわいのない内容ですが、ちょっとした息抜きを味わっています。不定期に島の特産物を集めたマルシェなども開催。すぐ横は大島牛乳をつくる牧場で、季節や天候がよければ乳牛たちが放牧されているのを眺めることも。さらに、すぐ目の前は大島空港。タイミングが合えば小型機の離発着が見られますし、クリアに晴れていればそのうしろに富士山を望むこともできます。店名のようにまさにぶらりと気軽に立ち寄れる憩いの場所がぶらっとハウスです。

もし、野菜などの購入をお考えなら種類豊富な午前中に行くことをおすすめします。午後には売り切れることもしばしば。そして大ぶりの保冷バッグをぜひ、ご持参ください。

【酒井農園】

酒井農園は伊豆大島生まれの酒井周さんが手がける畑です。酒井さんは信州大学を卒業後、会社員を経て有機農業を志し、長野県の有機農業農家に住み込みをしながら農法を学ばれました。その後、大島に戻りたくさんの美味しい野菜を育てています。

カフェ開業にあたり、ご近所の生産者さんの野菜を手に入れたいと思っていたのですが、これが想像以上に時間がかかりました。畑はたくさんあるのに、誰がどこで売っているのか、そもそも売ってもらえるのかもわからない。とりあえず周囲の島の人たちに聞いてみたり、ネット検索をしたり。そんなことをしている中で酒井さんが波浮港に畑を持っていることをキャッチ。ＳＮＳで連絡を取り、取引をお願いするようになりました。通年、いろいろな野菜や果物を栽培されていますが、ハブカフェの夏のメニューに欠かせないのがパッションフルーツです。

通常、パッションフルーツは「追い熟」として表面がシワシワになってからが甘みが増して美味しくなるといわれています。でも、酒井さんのパッションフルーツは採ってそのままの状態がベストな美味しさだと私は思っています。ハブカフェではフレッシュなパッションフルーツをたっぷりと大島牛乳アイスにかけ、パッションアフォガードとしてご提供。煮詰めてジャムにしたり、ほかのアイスで試したりしましたが、さわやかな酸味とほどよい甘みの生の果肉は、こっくり旨みのある大島牛乳アイスとの相性がとにかく最高！

実はこのパッションフルーツ、小さかったりキズがあったりと規格外のものをいただいています。それまでは販路も少なく無駄にしていたと聞き、ハブカフェで買い取りをお願いするようになりました。もちろん中身はまったく問題ないし文句なく美味しい。サイズや見た目だけで売れない分、仕入れ価格も勉強していただいているので、たっぷり使ってお客さまに味わってもらっています。

酒井さんのパッションフルーツの旬は夏。ゴールデンウイーク明けくらいから秋ごろまで収穫はありますが、なんといっても7、8月が旬の中で最も美味しい。今では毎年楽しみにされるご常連もいるほど。人気の期間限定メニューです。

ドラマ撮影がやってきた！

ハブカフェを2月にオープンしたばかりの2021年の7月中旬。まさにドラマは起きました。

夏休み前の静かな雰囲気での営業中、早くも常連となってくれた島の方とカウンター越しに談笑していると、外の通りに何やら怪しげな5人組が。それも男性ばかり。サングラスに黒いTシャツ、柄ものシャツなどを着ていて観光客のような感じでもない。と、そのうち外からハブカフェの店内をのぞき始めるではないですか。しかも全員で。怪しすぎる！　うちの店は中通りという狭い町道に面しています。太陽の光が届きにくい午前中は店内がよく見えないので、道ゆく人が軽くのぞき込むのはよくある光景。でも、このときの5人組はしっかりじっくり中をのぞいてはさらにあらゆる角度からケータイで店内の写真を撮り出す始末。

「誰、この人たち⁉」

すると、リーダーとおぼしきひとりの男性が入り口のガラス戸を開けて入店してきました。一気に全員で中に入ってくるのかと思いきや、男性はそうっと半分だけ身体を入れて。

「あのぅ……」

コワモテの風貌からは想像できない、驚きの腰の低さ。入店ご希望だったのですが、このときは新型コロナ拡大の真っ最中、ハブカフェでも感染予防から1グループ3人までとお願いしている状況でした。

「5人のご入店はゴメンなさい、お受けできないんです」

「そうですよねぇ、ハイわかりました、すみません……」

そろそろとあとずさりして、そうっと退出するコワモテさん。

彼らが去ったあと、いつものように静かな空間で営業を続けていると、しばらくしてなんとまた、5人組が店の前に戻ってきているではないですか！　今回は店内に入る様子は見せず、やや遠慮気味ながら外から見回し、外観の写真を撮っている。怪しいけれど、その真剣さと裏腹なユーモラスな様子が面白すぎて、カウンターにいた常連のお客さまと「なんだろうね、あの人たち？」と話しながらケラケラ笑ってしまいました。

それにしても、この人たち、何者？

謎はその日の夜に解明しました。

ハブカフェのインスタグラムに1通のダイレクトメッセージ（DM）。そこにはこう、書かれていました。

「はじめまして。突然のDM失礼します。今日、窓にはりついて店内の写真を撮っていた男5人の中の一人です。実はご相談がひとつございまして……。自分たちはテレビ東京の連続ドラマを作っているスタッフで、現在、大島を舞台にしたドラマを作りたいと考えています。その舞台のひとつとしてハブカフェ様をぜひ撮影させていただきたいと勝手に思っております。お話だけでも聞いていただけないでしょうか？」

これで納得。5人組さんは、ロケハン（ロケーションハンター）中だったのです。

この時点ではドラマの詳細も、出演者の情報もまったくありません。でも、外から熱心に店内を見る様子と入店した際のリーダー（らしき）男性のこちらへの礼節ある対応などから、誠実な仕事をしていると直感。話を聞く価値はあると判断しました。翌日はカフェの定休日。店内をお見せするのも問題ありません。ということで、返信。「ご事情よくわかりました。明日は定休日ですが店におりますので、いらっしゃっていただければ店内お見せできます。ご検討ください」

そして翌朝。あらためて5人組さんがやってきました。リーダー格と思ったのはプロデューサーのY氏。彼を筆頭に今回のドラマの監督をするアベラヒデノブさん、現場スタッフなどが5人組の正体でした。

あらためて名刺交換をし、ソファ席に座っていただき、テーブルで渡されたのが完成度の高い企画書。表紙には大人気ドラマ『孤独のグルメ』の井之頭五郎役の俳優、松重豊さんと伊豆大島の全景写真が同じボリュームで配されていました。

実はこのY氏こそ『孤独のグルメ』を手がけた名物プロデューサー。新しい深夜枠のグルメドラマを制作することになり、その舞台として伊豆大島が候補に挙がったとのことでした。前日から島中をロケハンしたものの、ピンとくるものがなかったそうで、ややあきらめモードの中、波浮港に立ち寄った際に偶然、うちを見つけたと話してくれました。Y氏からあらためてこうお願いされました。

「ハブカフェさんをドラマの舞台にお借りしたいと思っています」

ドラマの名前は『東京放置食堂』。テレビ東京の深夜枠で、主演は私も大好きな俳優、片桐はいりさん。映画『かもめ食堂』やNHKの朝ドラ『あまちゃん』などに出演されていたのは皆さんもよく知っているところでしょう。エッセイストでもあり、映画館をこよなく愛する文化人としての顔もお持ち。オフのときには自ら「もぎり嬢」をこなす個性豊かな俳優さんです。意外なことに今回が連続ドラマ初主演とのこと。ほかにも若手女優として注目の工藤綾乃さん、名バイプレーヤーの梅垣義明さん、与座よしあきさん、ドラマや映画で活躍する松川尚瑠輝さんが出演。毎回、豪華なゲストも登場するというから贅沢です。監督のアベラさんは当時、良質な作品を生み出している映像クリエイター集団「BABEL LABEL」の一員で世界の映画祭で作品が入賞する実力派。ご自身も俳優として活躍し、朝ドラにも出演されています。すごい顔ぶれです。

企画書を拝見して思ったのは「これを断る理由はない」ということでした。片桐はいりさんを筆頭に主演される俳優さんたち、人気ドラマのプロデューサーと監督が制作というだけでなく、昨日からのロケハンチームとのやりとりからプロ集団の仕事であると直感したのです。うちのカフェだけでなく伊豆大島の魅力をアピールするためにも非常に有益な機会になるはず。そう判断すると彼らにハブカフェの空間をお貸ししようとあっさりと決断していました。

その後、1階のカフェ、2階の居住スペースなど家の中を見てもらい、さらに、波浮港がどういう歴史を持っているのか、店のある中通りが、かつてはどれくらいにぎわっていたのか。そんなこともお話ししました。

「波浮港は風待ちの港です」

◀『東京放置食堂』（テレビ東京）の撮影の様子

この言葉から、ドラマの舞台となる居酒屋「風待屋《かぜまちや》」が誕生しました。波浮港を舞台としたドラマにふさわしい、とてもステキな屋号だと思います。

そして、私からYプロデューサー、アベラ監督へのサプライズがひとつ。

「ちょっと面白いものご覧になりますか？」

皆さんを促してカフェの奥にあるガラス戸をカラリと開ける。ハブカフェに来られた方はおわかりかと思いますが、そこにはかつての漁協の貯氷庫跡があります。魚を保冷する氷を貯める空間として活躍していた、まぎれもな

い波浮港の歴史を語る遺構です。ずっと雨漏りがして使われていなかったのですが、とてもユニークなスペースなので購入後、保存のため屋根だけは改修してありました。２階建て分の吹き抜けのコンクリートの朽ち果てた空間は、異世界にワープ？と思うような非現実さで驚かされます。この古民家を手に入れたときからあるもので、昭和９年につくられたもの。すでに90年近い空間です。

ここを見せると、プロデューサー、監督一同から「おおおぉ～！」。まさかこんな空間がカフェの奥にあるとは思ってもいなかったので、その驚きようはかなりのもの。「いや、もう絶対、ここ使いたいです！」とアベラ監督が興奮気味に私に言ってきた様子が今でもよみがえります。

ドラマでは、主演の片桐はいりさんが悩みを抱えたゲストの手を引っぱり、この貯氷庫の中へ引き入れて叱咤激励する場所という設定に。ドラマ以降、通称「説教部屋」と呼ばれています。通りから見えないのでご近所の皆さんにも忘れ去られていた場所でしたが、ドラマで登場してからは一気に注目され、「あれはセットなの？」「ホントに説教部屋あるの？」と会う人ごとに聞かれるようになりました。ドラマで登場したことで見に来る人も増えました。ただ、老朽化しているので安全のため一般に公開はしていません。カフェ店内からガラス越しに見ることはできますので、ご興味があればぜひ、ご来店ください。

『東京放置食堂』の撮影は真夏の8、9月に行われました。想定外のハプニングは、それはもうたくさん！　台風の時期でもあり天候に左右されながらの怒涛の撮影デイズだったと思います。それでも俳優陣はもちろん、監督、照明、美術、撮影、フードコーディネーターなど裏方スタッフ全員の強いプロ意識がドラマの魅力に凝縮されています。

無事に撮影が終わり、放送がスタートすると「ドラマを観た」と島内外でたくさん声をかけていただきました。ハブカフェへのご来店も多くなり、あわせてドラマでのキーポイントとなった伊豆諸島の特産品「くさや」の売り上げが急増したとうれしい報告も。ドラマの舞台という思いがけない経験をしましたが、これも波浮港のレトロな風情や伊豆大島のダイナミックな自然、食文化があったからこそ。そのきっかけのお手伝いができたと思っています。

波浮港村漁業組合
貯氷庫

2022年、初めてのワンオペ繁忙期

開業から1年半が過ぎた2022年のゴールデンウイーク(GW)のことは、しびれるような感覚とともによく覚えています。3年ぶりに新型コロナ緊急事態宣言も、まん延防止期間でもない大型連休となり、伊豆大島にも多くの観光客の皆さんがお見えになりました。

開業以来、新型コロナウイルスとともに過ごしてきました。前年2021年のGWは臨時休業や入店の人数規制などを設けながらの営業だったため、この年が初めての集客ピークとなったわけです。それは人生で初めてといえる怒涛の日々でした。

GW中は連休初日から波浮港にもたくさんの観光客の姿がありました。前半はあまり天気がよくなかったものの、カフェ前の昭和の面影を残す中通りには、散策や写真を撮るカップル、ご家族連れ、ひとり旅の方がひっきりなしに往来。話に聞くところでは、船と飛行機、宿やレンタカーなどは満室・満杯だったようで、「レンタカーが

ハブカフェの裏にあるかつての漁港の貯氷庫跡 ▶

予約できなかったのでバスで回っています」といった観光客の方も多くいらっしゃいました。

面白いのは若い世代の人たちの多くが「写ルンです」や古いフィルムカメラを持って記念写真を撮っていることでした。彼らにとっては画質がやや粗く、現像するまでどんな風に写っているかわからないフィルムのほうが面白いとのこと。なるほどねぇ。さらに興味深かったのはそんな風にフィルムで撮っても現像したらネガではなくデータでもらうとのこと。データなら好きに加工できますからね。なんとも今ど

きの楽しみ方だと感心しました。

通常、ハブカフェは土曜日から火曜日にかけて週４日営業ですが、２０２２年のＧＷはそれに特別営業日をプラスし、ノンストップで計10日間をワンオペレーションで決行しました。これは、ワンオペでどこまでできるかチャレンジしたかったのと、ＧＷ中の観光客に対応する島内の飲食店数が明らかに足りないことがわかっていたので、可能な限り営業して来島された人たちの利便性に応えたいと思ったからです。

ハブカフェのある南部地域は飲食店の絶対数が足りません。日帰りを含む観光客に加えて、ここ数年で波浮港にもゲストハウスや一棟貸しの宿が増え、食事を希望される宿泊者も増えています。また、ＧＷやお盆などには帰省する島出身の人たちも少なくありません。「娘や孫が戻ってくるんだけど、ハブカフェさんに行きたいって言ってるのよぉ」などと常連の方に言われたら、がんばるしかありません。

結果として、期間中は想像以上に大勢の方がご来店。たっぷり多めに仕込んであったピザトーストや大島牛乳なども、連休最後のほうはほぼ品切れに。そして、私の体力も後半は息切れ状態……。大型連休の営業は初めてとはいえ、ワンオペの限界、来客数見込みの甘さなど多くの課題が残されました。

大型連休の場合、グループでの来店が多いのが特徴でした。5~6人前後、なかには10人ほどの場合も。ハブカフェは全8席なので7~8人が一気に入店されると、それでもう満席です。お水を出し、メニューを渡し、注文を伺う。そこからそれだけの人数分のドリンクやピザトーストなどのフードメニューをひとりでつくるため、どうしても提供するのに時間がかかります。まずひと言、「ひとりでやっているのでなるべく迅速にお出しするようにしますが、少々、お時間をいただくことになります」と断ってから支度にかかります。大型連休がおそろしいのは次から次へとお客さまが途切れないこと。ひとつのグループがお帰りになったかと思うと、すぐ次の団体が入店される。するとどういう状況になるかというと、シンクには大量の洗い物と、すでにご来店されているお客さまへのサービスというダブルミッション……。

ワンオペの最も重要なポイントは、いかに洗い物をためないかということに尽きます。ためてしまうと次のお客さまへ出すグラスやカップ類もなくなってしまいます。

でも、7、8人分の洗い物はそれだけで結構な作業。「補充しなければならないものだから先に洗おう」「汚れのひどいものは少し浸けてから洗えばいい」など、脳内でシミュレーションをしながら少しずつ洗っていくしかありません。もちろん、その間に次の注文も作っていきます。それでも、洗い物がたまってしまうのが繁忙期というもの。このときも新しく来られたお客さまに「すみません、ただ今、お水を出すグラスも足りなくなるほど洗い物がたまってしまっています。大変、申し訳ありませんが10分ほど、お時間をちょうだいできますか？」とお願いすることが数度ありました。あるいは、「まだ波浮港をお散歩していなかったら10分後にもう一度、お越しいただけますか？　お席はご用意しておきますので」と、そんな風にお願いすることも。

とまぁ、瞬間、瞬間、パニック気味でワンオペ営業をしていた私ですが、おそらくレトロな木のガラス戸を開けて店内に入ってきた方は、そんな風にバタバタしているとは感じなかったと思います。

カフェをオペレーションするうえで私が心がけていることがあります。それはお帰りになったお客さまの使った食器やグラス類は可能な限り素早く回収し、テーブルやカウンターはダスターで拭き上げてきれいに元に戻すこと。新しく入ってきた方が、その日1番目の客であると思えるような清潔感のあるきれいな状態の店内でお迎えしたいという思いがあるからです。

ヒントはホテルにあります。

バンコクにアジアトップクラスと褒めたたえられてきた老舗「マンダリン・オリエンタル・ホテル」があります。名物ホテルなので宿泊ゲスト以外にもロビーには終日、名所見学気分で訪れる観光客も多く、それはにぎやかです。

あるとき、そのロビーで取材相手を待っていた私は、周囲を行きかう人たちを見るともなく観察していました。随所にタイシルクの美しいクッションを置いた椅子やソファがあり、どこもひんぱんに利用者が入れ替わるのでクッションにしわがより、下に落ちたりなどということが起きます。すると、スッとタイの民族衣装を身に着けた女性スタッフが近づき、パンパンとクッションを軽くたたいて形を整え、椅子の位置を調整して元に戻しているではないですか。そこには完璧に美しいロビー空間が再現されていました。２人組だった彼女たちは、あでやかな民族衣装を着て華やかさを演出する存在でありつつ、乱れたものを元に戻す大切な役目も担っていたわけです。その後、来た人は美しく整えられたソファに座り、満足するはずです。

「さすが一流のホテルだわ」

そのとき私が感じたことを、ハブカフェでも実現したかったのです。もちろん一流の名門ホテルとは比較になりはしません。それでも完璧とまではいかなくとも、その前に誰かいた痕跡を感じることなく、新鮮な第一印象でお客さまをお迎えしたいという願いを込めています。

新型コロナ感染が収束し、観光客が戻ってきたことは伊豆大島に限らず日本の経済を回すことを考えればうれしいことでした。半面、コロナ禍以前に戻るだけの現状には疑問を感じています。新型コロナによってもたらされたさまざまな気づきは、薄利多売、今回のようなＧＷやお盆、年末年始といった繁忙期の一極集中といった観光産業が抱えてきた産業構造や収益構造を変える機会でもあったはず。遠出をせずに近場で楽しむマイクロツーリズムや、混雑する密を避けるためにピークシーズンを外した「ずらし旅」など、新しく生まれた旅形態は、これまでの観光産業が取り組むべきジレンマの解消につながるものでもありました。3年以上に及ぶコロナ禍の経験をいかさずに元に戻るだけでは、地方の活性や観光産業の未来につながらないとひそかに危惧しています。

GW中、たくさんのお客さまがお越しいただいたものの、同時に多くのお客さまを満席のためお断りすることにもなりました。コーヒーを淹れ、調理で手いっぱいでゆっくり会話する時間もありませんでした。これは私の望むおもてなしのスタイルではありません。

伊豆大島のゆったりとした空間と時間を心から楽しんでもらうこと。そのためにはどういう滞在を提供するべきなのか――。多くを学び、課題を与えられた初の本格的なワンオペGWでした。

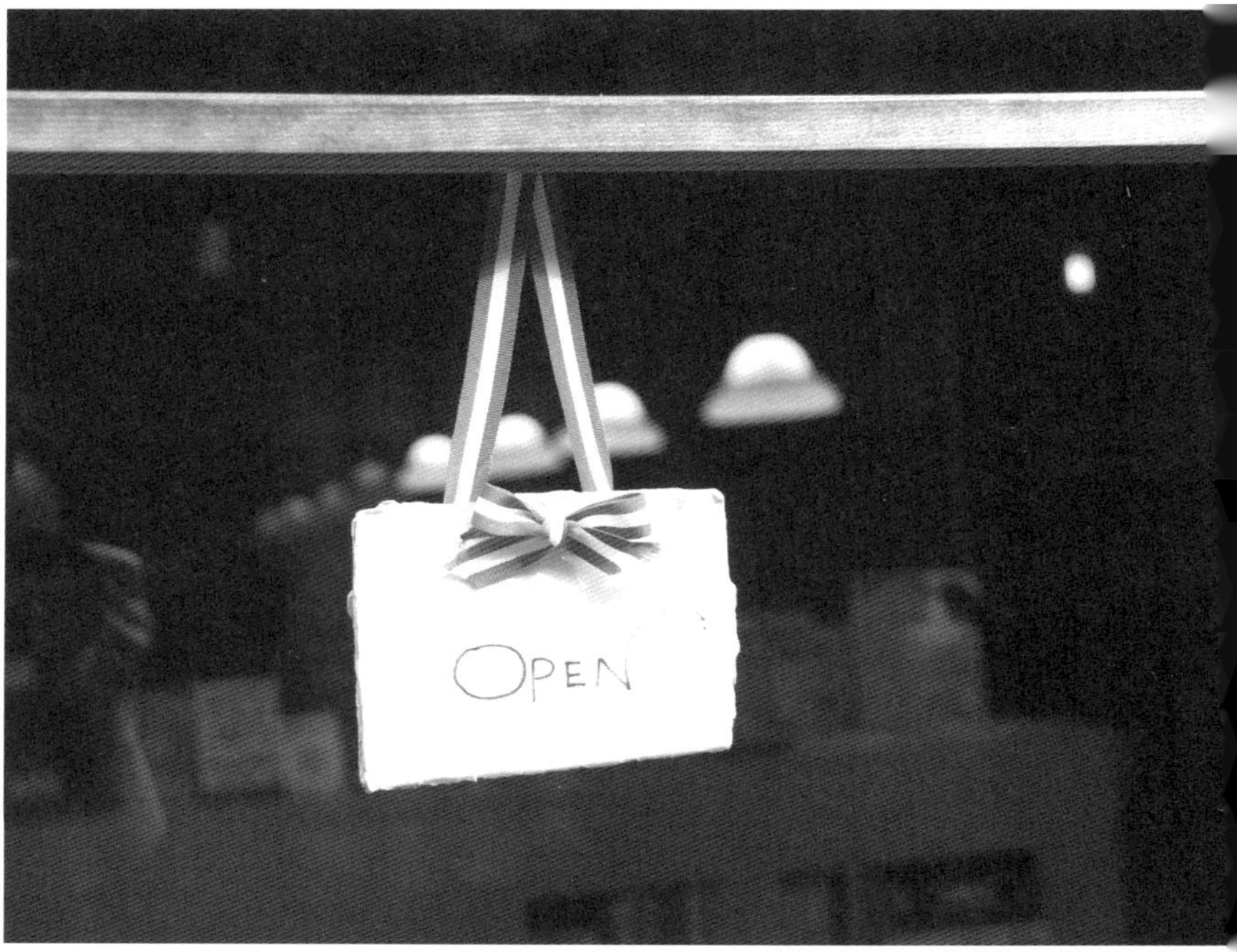
OPEN

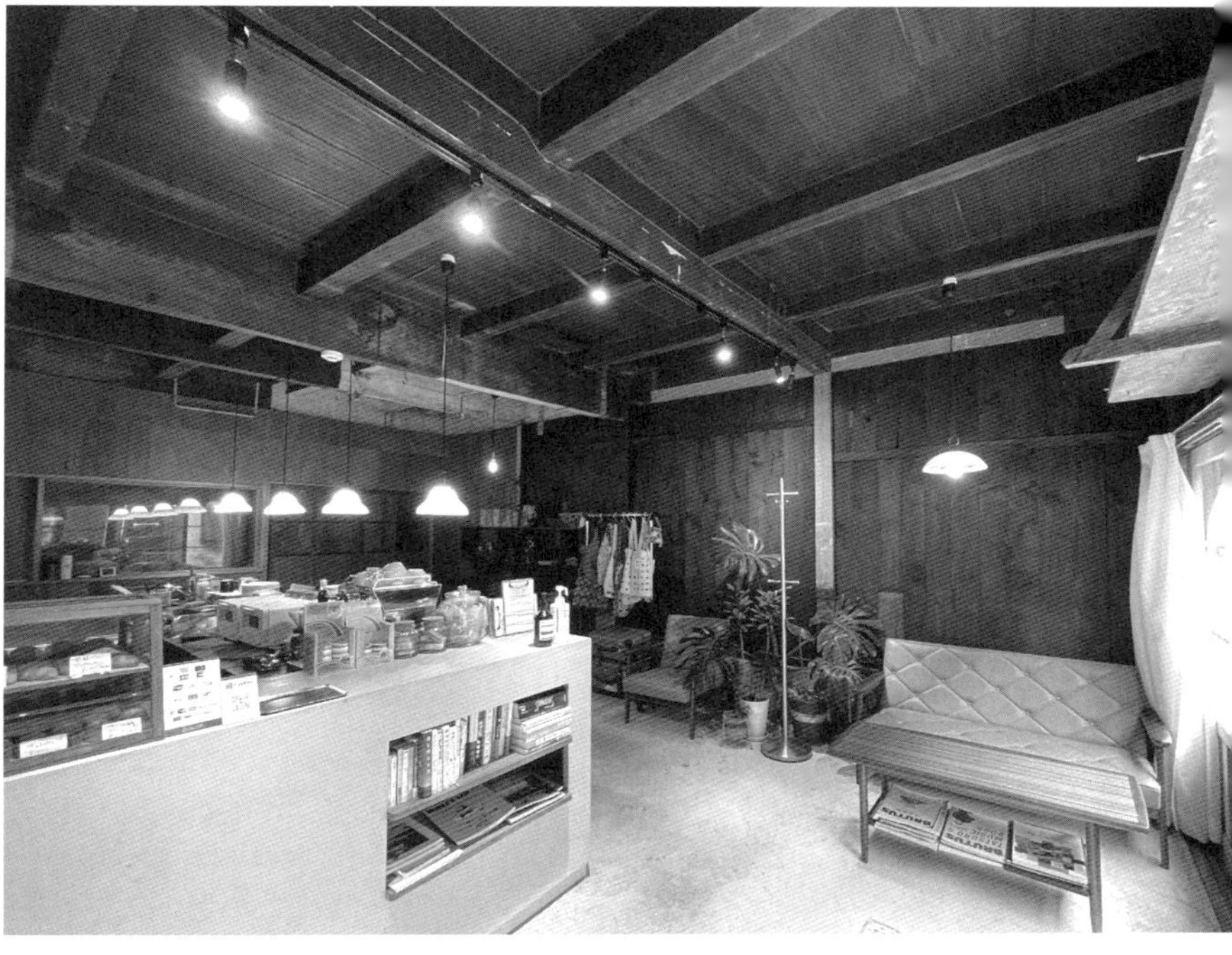

1、2年目の収支

カフェを開業するときは、資金調達や各種届出など提出する際に必要となる事業計画書を作成します。もちろん、ハブカフェも例外ではありません。

事業計画書は簡単にいえば、開業するビジネスのビジョンを示し、その実現に向けてどのようなプランを考えているのかを可視化させるもの。作成は面倒ですが、とても大切な書類です。私も初めてのことばかりで何をどうすればいいのかわからない状態でしたが、事業計画書づくりは、健全な営業にはどの程度の儲けが必要なのかということを組み立て、視界を広げ、経営の方向性をクリアにさせてくれるものでした。

私は昔から何か思いついたり、忘れてはいけないことは紙にメモをします。携帯のカレンダーでもパソコン入力でもなく紙にメモ。27歳でフリーランスになったときに購入した黒い革の手帳にはそんなメモがいつも数枚入っています。古民家購入やカフェ営業を決めたときもあれこれとメモをしては保存。あとで見たいときに探してみると、手書きの文字や数字がそのときの自分の心情を呼び起こし、当時なぜそれを思いついたのかというきっかけまで記憶がよみがえってくることがあります。私にとっては、「手で書き出す」という行為が情報としてとても大切なことなのです。

ということで事業計画書もまずはメモ書きから。最初に取りかかったのは古民家の改修・カフェ営業にかかった総額を算出すること。さらに伊豆大島ひとりぐらしに必要な生活費を洗い出します。電気、ガス(島はプロパンガスを使用)、上下水道、電話&ネット回線などの日常にかかる費用に加え、災害・ケガなどの賠償責任などをカバーする店舗用保険、車の維持費、事業系ゴミの手数料などいろいろのせていくと、まぁ、それなりの金額になります。この総額をカバーする売り上げを達成するにはどういうスタイルのカフェにするべきか。ようやくそこが見えてきます。ただ、儲かればいいというのではつまらない。波浮港に惚れ込んだ私がやりたいことはどんなことなのか。どういうサービスをするべきか。「やりがい」という数字では見えにくいもうひとつのビジョンを加えてバランスを取る匙加減が必要になってきます。

「小さなカフェのつくり方」的なノウハウ本を読むと、必ず出てくるのが原価計算です。これは、飲食業をやるうえで絶対的に欠かせないもうひとつの大事な数字。ノウハウ本でもネット情報でもよく見るのが、「原価率は30パーセント」というキーワード。つまり、提供するメニューの仕入れを30パーセントに抑えましょう、ということです。コーヒーを100円で販売した場合、使うお金を33円内に抑えることが健全な営業を可能にするというわけです。33円の中身はコーヒー豆の仕入れ料金だけではありません。お客さまが使う（かもしれない）砂糖、ミルク代も考慮しないといけません。どんな豆を仕入れるのか、1杯に何グラム使用するのか――自分が提供したいクオリティとの折り合いをつける作業は、非常に時間がかかりました。また、無駄な出費を抑え、サスティナブルな観点からも廃棄食材をなるべく出さないことも考慮しました。当時のメモを見ていると、使用する豆の量でどれくらい味が変わるのか、どんな食材が島ではいくらで販売されているのかなど、多方向からあれこれと確認しては何度も書き直したり、フードメニューに使う食材を吟味したりと試行錯誤をしていたことがわかります。

最終的に現在のメニューに落ち着いたわけですが、結論として、原価30パーセントよりも若干、高い設定になってしまいました。まず、最も重要なコーヒーは、スペシャルティと呼ばれる品質に特化した最高品質のものを使っていること、大島牛乳や大島バター、パンなど地元食材にこだわることなど、そこだけは妥協できない点を考慮すると30パーセントでは無理でした。ただ、スタッフを雇っていないので人件費やテナント料などが派生しないので、そのあたりの経費をうまくやりくりすればいいだろうと結論づけました。いちばん大切なのは美味しいコーヒーと島の食材を味わってもらうこと。何度も何度も計算し、試飲・試食を重ね、メモを上書きしたうえでハブカフェの原点となるサービスクオリティが決定しました。メニューのバリエーションと値段は店主である私が自信を持って提供する価値の反映です。安いか高いか、それとも適正価格かはお客さまが決めることではありますが、そこには実に多くの考察が行われた背景があることを知っていただければと思います。

2021年2月にオープンしたものの、その年は多くの同業の皆さんと同様、波乱万丈でした。新型コロナ感染拡大中で政府による緊急事態宣言、事業者への休業・時短・自粛の要請など飲食店のスタートとしては最悪のタイミング。伊豆大島への観光客も少なく、まったく予測が立たないまま入店人数を限定し、来店時のマスク着用と手指消毒を徹底するなどして予防に努めました。そんな状況だったので初年度は赤字でのスタート。準備万端で開店したつもりでも、グラスが足りない、トイレのスリッパを用意していなかった！　など補充のための出費はあるだろうと見越してはいたものの、観光客数がほとんどないのはつらいものがありました。除菌スプレーや席の間に立てるクリアスタンド、簡易検査キットなど感染予防のための出費が想像以上に多く、これもちょっと痛手になりました。ちなみに東京都や国が行った飲食業への協力金や補助金は条件が合わなかったため、一切、もらっていません。

想定外だったのが、前述したドラマ撮影のオファーでした。お話をいただいたのは7月。感染者数も増えた中での夏休み直前だったので、店を営業するべきか自粛するか考えていたところでした。厳しい2月の開業から半年も経ずにドラマ撮影に有償でお貸しすることになったのは、収入的に大きかったです。

「新規の仕事は物理的に無理でない限り断らない」

これはフリーランスとしての私のモットー。新しく受けた仕事からさらにステージを上げた仕事に何度もつながった経験をもとにしています。店を臨時休業し、撮影に協力したことで派生したレンタル料が、結果的に休業していた間の売り上げを補填してくれたので本当に助かりました。なにより、多くのご縁が生まれたことに感謝しています。


開業2年目の2022年はかろうじて黒字になりました。

新型コロナ感染が落ち着き、観光客や島民の皆さんの島内外の行き来が一気に増えてきたことは大きいものでした。「やっと生まれた赤ちゃんをおじいちゃんたちに見てもらえました〜」などとうれしそうに帰省された島出身の若いお母さんや、ご家族でご来店いただく方も増え、満席ということもしばしば。「ドラマを観て来ました!」という方も多く、あらためてテレビの効果、そして主演を務めた俳優・片桐はいりさんの人気ぶりを実感しました。

この年の後半からはワンオペでのオペレーションが慣れてきたこともあり、集客を増やす試みとしてイベント的なことも始めました。

それが「夜カフェ&まかナイト」です。

まかない+ナイトの造語で、自分で食べるためによくつくっていたパスタなど簡単メニューを夜ごはんとして提供するというもの。材料にはピザトーストなどに使うピーマンやタマネギなどを使い、廃棄食材を減らす取り組みでもあります。カフェをいったん閉めたあとに準備をして、18時から21時までの短い時間のみ営業。SNSでお知らせするだけでしたが、常連の皆さんにたくさんお越しいただき、まずまずの手応え。飲食店が限定的な島だけに、食イベントがとても新鮮だったのだと思います。

そしてもうひとつ行ったのが「アペロ」。フランスの習慣で、夕食の前に軽くお酒を1、2杯楽しむことを指します。「ごはんの前にちょっとアペロしない?」。こんな感じ。時間も「まかナイト」とほぼ同じで3時間程度に設定。椅子をどかしてカウンター前での立ち飲みスタイルにしました。

提供するのはビール、スパークリングワイン、赤と白のグラスワイン。チップスやナッツなど軽いつまみも用意しますが、腰をすえて飲むのではなくあくまでもちょこっと食前に立ち寄るのがアペロのスマートな楽しみ方です。クリスマスイブ、盆踊りなど特定の日に合わせて何度か行いましたが、カフェとはまた違った華やかさとにぎわいで、こちらも大好評。島に暮らす常連のお客さまと波浮港の宿に泊まっている観光客の皆さんがグラスを片手に語り合い、笑い合っている様子に旅先での出会いのすばらしさを実感。お酒の手配、ワイングラスの用意、つまみメニュー構成などいろいろと手間はかかりますが、私も「飲み屋のママ」気分を楽しませてもらいました。

いずれも観光客が少なくなった時期の売り上げのテコ入れにつながっただけでなく、夜に集うという時間軸での楽しみを提案できたことが島のクオリティ・オブ・ライフにつながるということにも気づかされました。この「まかナイト」と「アペロ」は不定期ですが、これからもできる限り開催していくつもりで、今後はより魅力ある食イベントなどもやっていきたいとアイデアを練っているところです。

第３章　東京の島と生きること

伊豆大島について

伊豆大島は東京都に属する島です。正式には東京都島嶼《とうしょ》部で、大きくは俗にいう伊豆諸島として知られる有人の伊豆大島、利島《としま》、新島、式根島、神津島、三宅島、御蔵島、八丈島、青ヶ島の9島が、さらに父島、母島に代表される小笠原諸島があります。このほかにもベヨネーズ列岩、須美寿島、鳥島などの無人島や、自衛隊や観測員が駐在する硫黄島、南鳥島、日本最南端に位置する沖ノ鳥島まで約2000キロにわたって大小さまざまな島が635もあることはあまり知られていないのではないでしょうか。

ちなみに伊豆諸島のことを伊豆七島と呼ぶことがありますが、式根島は新島に、青ケ島は八丈島に属していることでこの2島が除かれたことが由来になっています。

ここで少しきちんと伊豆大島の歴史を抑えておきましょう。

伊豆諸島には古く縄文時代から人が住んでいたようで、伊豆大島から八丈島まで各島から当時の住居跡が見つかっています。約８０００年前のものとされる伊豆大島の後期縄文遺跡からは、神津島産の黒曜石の矢じりが発掘されるなど、当時から海を渡っての交流・貿易らしいものがあったとみられています。島に生息していないイノシシの骨も見つかっているので、伊豆半島周辺とも交流があったのでしょうか。島で生きる海の民たちが黒潮や風を活用して悠々と相模灘を往来していたのかと思うとロマンを感じます。

奈良・平安時代になると伊豆諸島は伊豆国として律令体制下におかれます。そのころの集落、祭祀の遺跡も見つかっています。そして江戸時代には幕府直轄の天領となり、代官による支配体制が整います。

伊豆諸島はまた、島流しの場所でもありました。江戸時代、「御定書百箇条《おさだめがきひゃっかじょう》」として「江戸からの流人は大島、八丈島、三宅島、新島、神津島、御蔵島、利島の七島に遣す」と指示されています。その中で有名なのは伊豆大島に流された源為朝《ためとも》でしょう。源頼朝、義経兄弟の叔父にあたり、弓矢の達人とされた豪傑です。後白河天皇と崇徳上皇が皇位問題で戦った１１５６年の「保元の乱」で崇徳上皇側について敗れ、伊豆大島に配流。その胆力と腕っぷしの強さでめきめきと島での権力を掌握し、実質上の統治者にまで上り詰めていきます。あまりの狼藉ぶりに朝廷の命を受けた討伐軍が来島し、孤軍奮闘するものの最期は自害。当時の代官・藤井家の娘を嫁にもらった縁で、以降、藤井家の氏神様として為朝神社が創建され、毎年、神事が行われるなど伊豆大島にとっては歴史上、重要な人物です。

こうした「島流し」は明治4（1871）年まで続き、伊豆諸島全体で5000人以上に上ったと考えられています。

ところで素朴な疑問として、伊豆諸島はなぜ神奈川県や静岡県ではなく、東京都の管轄なのでしょうか。

それには複雑な歴史があります。明治になり伊豆諸島や伊豆半島周辺は行政区域が次々に変遷していきました。明治4年の廃藩置県により足柄県が発足し、現在の神奈川県西部、伊豆半島、伊豆諸島がそこに含まれました。明治9（1876）年になると足柄県が解体され、相模国は神奈川県に、伊豆諸島を含む伊豆国は静岡県に。つまりこの当時、伊豆諸島は静岡県だったわけです。それからわずか2年後の明治11

（1878）年、伊豆諸島は当時の東京府に移管。その理由として当時の内務卿・大久保利通が、七島の裁判事務が東京裁判所管轄になったことを挙げて、行政事務を円滑に遂行するためにも東京府に移管することが静岡県民と島民のためであると記しています。さらに、江戸時代から伊豆諸島はさまざまな生産物を東京（江戸）へ送り、収入源としていたので経済基盤を考えても移管は妥当だと考えられたのでしょう。

その後、昭和18（1943）年に都制が施行され、東京府と東京市が廃止され東京都が誕生。東京都になった2年後の昭和20（1945）年、第二次世界大戦の終結とともに日本は終戦へ。翌昭和21（1946）年、伊豆諸島はアメリカによる占領政策として日本から分離されるという事態に陥りました。この行政分離は53日間続き、その後GHQによって指示の変更がなされ日本に再編されました。その間に、伊豆大島では島民からアメリカ管轄をよしとせず独立する運動が湧き起こり、暫定憲法とする「大島憲章」がつくられるといった激動の時代でもありました。

伊豆大島はそんな東京の島々の中で最も都心から近い島。竹芝桟橋から距離にして

120キロの距離に浮かびます。面積は約91平方キロ。山手線内側の面積が約63平方キロなのでザックリとそれよりもひとまわり大きいイメージでしょうか。周囲はフルマラソンより少し長い52キロ。名前が示すように伊豆諸島最大の島です。

伊豆大島は島全体がひとつの活火山で、島の中央に存在感たっぷりに鎮座するのが三原山です。昭和61(1986)年、大規模噴火が起こり、当時1万人ほどの全島民が海上保安庁、海上自衛隊、東海汽船などの船で島外避難。およそ1カ月の本土での避難生活を送りました。

現在の人口は約7000人(令和6年7月末現在)。日本の課題である高齢化、人口減少、空き家問題は伊豆大島も例外ではありません。島は富士箱根伊豆国立公園に属し、約97パーセントが自然公園法により自然景観と生態系保護の対象になっています。平成22(2010)年には日本ジオパークに認定されるなど、近年はナチュラリスト、自然愛好家などに愛されるネイチャースポットとしての人気も高くなっています。また、適度なアップダウンがある地形をいかしたスポーツサイクル、マラソンなどのスポーツツーリズムにも力を入れています。

上写真:元町からの夕日、下写真:島のシンボル三原山。標高758メートル ▶

島には元町《もとまち》、岡田《おかた》、泉津《せんづ》、差木地《さしきじ》、野増《のまし》、波浮港《はぶみなと》の6つの主要地区が海岸線にそって点在します。最も住民が多く役場、銀行、郵便局、スーパーなどの施設が集中するのが元町。宿泊施設、お土産屋、レンタカーなど観光客のための施設も多く、初めて伊豆大島を訪れた方は、元町を起点にするといいでしょう。

東京・竹芝ふ頭からの大型客船、高速ジェット船が着く港は2カ所。前述の元町にある元町港と、島の北端にある岡田地区の岡田港で、大型船は基本的に岡田港に到着します。

ユニークなのは高速ジェット船。第1章でも紹介しましたが、天候によって当日の朝に元町か岡田どちらの港に着くかが決まります。ちなみにどちらに着くかは、朝8時30分前後に流れる防災無線の放送で知らされます。島民になった今でこそ普通に感じますが、島に通うようになったばかりのころは、朝のこの放送を聞くと「あぁ、島にいるんだなぁ」としみじみ思っていました。実はこの情報はとても重要で、怖いことに慣れないうちは間違えてもうひとつの港に行ってしまうことも。天候によっては到着時と帰るときの港が異なることもあり、朝の放送チェックと東海汽船のサイトチェックは欠かせません。また、竹芝以外では熱海からの定期航路があり、こちらは所要時間がたったの50分。私もたまに熱海まで行き、買い物でリフレッシュすることがあります。島にはないコンビニやドラッグストア、業務スーパーなどちょっとした「非日常」が楽しめるため、大島島民にとっての便利スポットなのです。

東京からのもうひとつのアクセスは、調布飛行場からの小型機による定期航路を利用すること。所要はわずか25分。世田谷や多摩地区などに住んでいるのならこちらからのアプローチが断然、便利で、富士山やスカイツリーなども見える空中遊覧気分は、なかなか刺激的です。生まれが調布市の私にとっては飛行場もなじみがあり、子どものころから通ってきた歯科医院があるほか、姉が住んでいるので用事があるときは飛行機を選びます。開発が進んだ調布駅前は映画館の入った複合駅ビルがあり、時間に余裕があれば大好きな映画鑑賞を楽しみます。また、伊豆大島には残念ながら本屋がないので、同じく駅ビルに入った書店に行って思う存分、本や雑誌を選ぶ楽しみもあります。

ちなみに島民にとって船も飛行機も生活に欠かせないライフライン。高度な治療を

島の見どころのひとつが、長さ630メートルの地層大切断面（別名バームクーヘン）。およそ1万8000年の火山活動の歴史を物語る

受けるため医療施設に通う方もいます。そのため、島民料金が設定されています。大型船は40パーセント、高速ジェット船は35パーセント、飛行機は伊豆大島〜調布間は40パーセントの割引になります。船の場合は住所が確認できる免許証などを提示し、飛行機は役場で発行してもらう顔写真付きの「東京都離島住民航空割引カード」の提示が必須。安くはなりますが、それでも往復1万円を超える出費になるので、行くタイミングを選び、せっかく行ったからにはと、島では手に入らないお土産や食材を買い込んでしまうのが、いわゆる「島民あるある」現象。ちなみに想像以上に喜ばれるのが島で手に入らないファストフードの手土産です。マクドナルドやケンタッキーフライドチキン、クリスピークリームドーナツは人気ベストスリー商品。まだほんのり温かいうちに島に持って帰れるという伊豆大島ならではの距離感もありがたいポイントです。船内や機内でポテトやハンバーガーの匂いをさせて大きめのお持ち帰り用の手提げ袋を持っている人がいたら、それはまぎれもなく島民。匂いに関してはちょっと我慢をして温かく見守ってください。普段は食べられない都会の「日常」が味わえる本当にうれしいお土産なのです。

椿の島

伊豆大島といえば、「椿」。そうイメージする人も多いと思います。実際、そのとおりで、大島町の公式サイトによると約３００万本の椿の木があるといわれています。

椿といっても種類はさまざまです。品種改良がとてもうまくいく花木のようで、世界には1万品種ほどもあるとのこと。その中で日本人の椿のイメージそのものと思われるのが、日本の固有種であるヤブツバキでしょう。真っ赤な花びらに黄色の雄しべが包み込まれるように顔を出している様子はとても愛らしく、ツヤのある葉とのコントラストも端正。桜とともに日本のたおやかさ、素朴な美しさを象徴する花だと感じる人も多いのではないでしょうか。

このヤブツバキ、伊豆大島には縄文時代以前から自生していたそうで、早くから島の暮らしに欠かせない存在でした。理由は火山の島でもしっかりと根を張り、たくましく成長することにありました。風の強い島では防風に役立つとされ、家屋や畑の周

囲に植えるようになり定着。実から油が採れるだけでなく、木は薪や炭になるほか工芸品にも使用され、花びらや葉は染色にと、あますことなく用途は多彩。なんと頼れる存在でしょう。特に椿油は今でも伊豆大島の重要な特産品のひとつ。江戸時代には灯りとして、明治以降は機械油としても利用されていたといいますから、かなりの量を生産していたようです。

椿油は髪の毛やスキンケアに使われるイメージがありますが、実は食用でもあります。

「椿の種、買い取ります」

夏が終わりを告げるころになるとスーパーや銀行の告知スペースにこんなお知らせが張り出されます。「あぁ、今年もこの季節になったんだ」と島民なら思うことでしょう。

9〜11月は椿の実の収穫期です。夏の間、太陽の日差しをたっぷり浴びてツヤツヤとみごとに育った実が完熟し、パッカリと割れた中にコロンとした漆黒の種が三つ、4つ。これを拾って自宅の前にゴザやシートを広げて乾燥させるのがこの時期の島の風物詩で、これを地元の製油所に持っていくと買い取ってくれるのです。これは古くからの習慣で、相場は1キロ800円ほど。実を拾って乾燥させ、持っていけばちょっとしたお小遣いになります。製油所も自力で拾いに行かなくとも島民が持ってきてくれるので助かります。まさに互助精神。

元町地区にある1929年創業の老舗「高田製油所」では買い取りに加えて、搾り賃を引いて残りは油で返すという昔ながらのスタイルをいまだに行っています。販売所を兼ねた作業場では運がよければ油を搾っているところを見ることができます。大正時代からの機械を使い丁寧に手作業で搾った純正の椿油は、トロリと美しい黄金色で見るからに美味しそう。拾った実を油で返してもらう島民も多く、なくなると空きびんを抱え製油所をたずね、新しい油を入れてもらっているのを見かけます。

毎年、数十キロも収穫するつわものもいるようで、この時期を待ち遠しく思う人もたくさんいます。島を車で運転中、椿の木が生い茂る暗い脇道でしゃがみ込んでいる人を見つけてビックリしたことがありますが、それはおそらく椿の実を拾っているところ。なかにはつい欲を出してしまう人もいるようで、町の広報誌には役場からのお願いとして「ルールを守って！　他人の敷地内に入り、無断で椿の実を採る・拾うなどは不法行為になります」とクギをさすお知らせも登場するほど。椿の実をめぐって島ではさまざまなドラマが展開しているのがなんとも人間臭いなあ、と思います。

ハブカフェでも高田製油所の椿油を使っています。トーストに大島バターをのせているのですが、椿油をブレンドし、さらにホイップして出しています。たっぷりのせてもサラリとした口どけと軽やかさなので皆さんペロリ。それでも足りない方には「追いバター」をサービスするのがハブカフェスタイル。たくさん味わって喜んでいただいて、島の食文化に貢献です。

椿油には多くのオレイン酸が含まれています。オレイン酸は血中のＬＤＬ（悪玉コレステロール上昇を抑え、生活習慣病の予防効果があるといわれています。さらに酸化しにくい特徴があり、椿油は特に酸化しにくい植物油の代表格。独特の風味は控えめで、どんな料理にもなじむ万能タイプです。

「椿油で揚げ物をするとサックリして、そりゃあ美味しいのよ」と教えてくれたのは

近所のおばあさん。高田製油所の高田社長のおすすめは、イカや魚、アシタバ、島唐辛子などを入れたアヒージョに使うこと。これなら少量の油でも十分、風味を楽しめますし、魚介類の旨みも加わり最強の美味しさです。残った油でパスタをつくれば完璧。椿油の奥深さをしっかりと堪能できます。お値段は決して安くはないので気軽に使うのはちょっと躊躇してしまいそうですが、実を拾って乾燥、そこから選別して一連の工程を経て生まれる手間ひまを考えれば、それも納得です。料理やレストランに精通した知人は、「これだけの作業でこの値段はむしろ安いですよ」と言っていました。

島内にはいくつかの椿油ブランドがあり、それぞれ特徴があります。商品も純正の油から、スキンケア、ヘアケア、石鹸、リップクリームなどバラエティに富んでいます。観光のお土産用に小さなボトル入りのものやお試しセットもあるので、まずはそれを買ってみてください。私も朝と夜、シャワー後に手のひらにワンプッシュ。オレイン酸は人の皮脂成分に近いそうで、手のひらで温めてからスッと顔全体になじませるだけ。保湿成分もあるので手軽だけれどしっかり素肌を整えてくれます。

食べてよし、お肌や髪に使ってもよし。椿が伊豆大島で愛される理由です。

観光の視点からも椿は伊豆大島のとても重要な存在です。毎年、1月下旬から3月中旬ごろまで開催されるのが「椿まつり」。1956年に第1回が開催され、2024年で第69回目となりました。花の祭りとしては期間が長いと思われるかもしれません。椿は早咲きから遅咲きまでとても長い期間、開花する花で、早いものは9、10月ごろに、最も遅いものはゴールデンウイーク前後に見ごろとなるものもあります。一気に満開、というよりも徐々に咲き出し、ゆるやかに終わっていく、そんな感じです。

椿は鳥によって受粉を行う「鳥媒花《ちょうばいか》」という花木です。その鳥はメジロ。伊豆諸島に多く生息する若草色のキュートな鳥で、名前のとおり目の周辺が白くくま取りされているのが特徴です。椿はこのメジロにたくさん蜜を与える代わりに受粉をしてもらい遠くへと運んでもらうのです。花の形はそれに合った形状で、メジロのほうも花の構造に合ったくちばしや、消化機能を備えるという共存関係になっているそうです。

島に住むようになって気づいたことがあります。それは花がものすごく咲く年とそうではない年があること。果樹類はオモテ（豊作）とウラ（不作）を繰り返す「隔年結果」

なことは知られていますが、椿も年によって開花量がまったく違うのです。「椿まつり」を見に来島された観光の方が「楽しみに来たのにあまり咲いていませんでした……」とおっしゃることもあり、自然界の不思議さの前では無力です。

椿は伊豆大島全体に自生していますが、観光スポットとしては大きく3カ所が挙げられます。「都立大島公園の椿園」「椿花ガーデン」「都立大島高校」です。都立大島公園は椿まつりの会場でもあり、その数、約1000品種。3200本の園芸種と5000本のヤブツバキが園内いっぱいに広がる国内最大級の椿の植物園です。ゆるやかな斜面をいかし、散策にも最適。開花時が見学客で最もにぎわいますが、それ以外のグリーンシーズンも私は大好き。苔むした園内にのびのびと育つ椿の木の生命力に惹かれます。うれしいのは入園無料ということ。椿まつりの時期も、もちろん無料です。道路をはさんで椿資料館もあるので、そちらもぜひ、のぞいてみてください。

国際的に高い評価を受けるのは「椿花ガーデン」です。ここは、椿をこよなく愛する代表の山下隆さんが運営する個人経営の植物園。伊豆大島の人には「リス村」とも呼ばれます。かつて、タイワンリスがいるレジャースポットで、現在は「椿花ガーデン」に名称を変えてガーデニングに力を注いでいます。都立大島公園の椿園と椿花ガーデンは、どちらも国際椿協会から「国際優秀つばき園」に認定され、椿愛好家に世界的に知られています。

伊豆大島にはもうひとつ、「国際優秀つばき園」があり、それが都立大島高校。「え、高校に？」と思うでしょうが、島民から親しみを込めて「しまこう」と呼ばれる大島高校には農林科があり、校内に立派な椿園を有し、生徒たちが大事に育てているのです。昭和52年、大島公園から園芸品種をもらい受けて挿し木や接ぎ木で増やしていき、現在は約３８０種類の原種、園芸品種が植えられています。椿まつりの期間中は校内の椿園も一般に開放され、生徒たちによるガイドツアーも催行されます。２０２５年には国際椿協会の世界大会が伊豆大島で開催され、世界中から多くの椿の専門家、愛好家が伊豆大島を訪問する予定です。「椿の島」として花そのものはもちろん、それを育む暮らしや風土、そしておもてなしを体験してもらえるといいな、と思います。

火山の島での義務と責任

1986年11月、伊豆大島の中心に位置し、島のシンボルといえる三原山が噴火。全島民が島外避難をしました。

三原山も含め、伊豆大島は島全体が活火山です。気象庁の定義によれば「活火山」とは、過去1万年以内に噴火した火山および現在も活発な活動をする火山を指します。日本全国には111の活火山があり、世界の活火山の約7パーセントを占めています。伊豆大島もそのひとつ。86年に発生した規模の噴火は、過去にさかのぼると1950年、1912年、1876年、1837年と、36~38年間隔で発生。現在はいつ起こってもおかしくない周期に入っているといわれています。ただ、ここ最近は著しい予兆もなくいたっておだやかで、危険度を示す「噴火警戒レベル」も「1(活火山であることに留意)」と最も低いもの。登山や観光に支障はありませんし、私たちの日常生活にも影響はありません。

38年前の避難を体験している島民はたくさんいます。私も当時のニュースや新聞で報道される様子を記憶していますが、ご近所さんや友人たちも、「あのときは大変だったよぉ〜」と話を聞かせてくれます。そんなリアルな体験から、「防災は島の日常に不可欠な要素である」という活火山に暮らす島民としての自覚は強いと感じています。

私も島で暮らすようになってからは日常的に、風の向きや強さ、雨雲の動き、潮の干満などを気にするようになっています。

夜、寝る前には夜半から翌日までの気象をチェック。最近は雨雲レーダーや風速などかなりリアルにわかるスマホのアプリケーションがあるので便利です。これから起き得る災害を想定することはもちろん、荒天で船や飛行機が欠航すると観光客の皆さんが来られなくなるわけですから、商売のうえでもお天気チェックは必須です。

家のガラス窓をたたく音や振動、港の水面をきらめかせるさざ波など、ほんのわずかな変化に気づく自分がいます。「あ、風が変わった」。これこそ、日常が自然と溶け合う島だからこそ身につく肌感覚の危機管理です。

伊豆大島に来られたらぜひ、訪れてもらいたいのが「伊豆大島火山博物館」です。全国でも珍しい火山に特化した博物館で、その成り立ちから噴火のシステムなどがよく理解できます。なかでも86年の噴火時のドキュメント映像は必見。当時の避難の状況、緊迫した関係者や島民のとまどう様子などがリアルに残されていて、有事の際にどう対処するべきか考えると身が引き締まる思いです。

（※改装のため休館中。２０２５年春リニューアルオープン予定）

移住するため住民票を移しに大島町役場に行った際、渡されたのが伊豆大島独自の「防災の手引き」でした。火山活動に加えて地震・津波編もあり、各地域の避難ルートだけでなく噴火のメカニズムなど自然災害を俯瞰して理解できるような実にすぐれた内容に驚かされました。さらに、地域の防災への意識を再確認させる説明会なども催されます。

伊豆大島には気象庁の火山防災連絡事務所があり、常時、三原山を監視しています。火口の噴気や地震、地殻変動などあらゆる最新データを集積しており、島民への説明会でその現状をわかりやすく伝えてくれます。常に情報のアップデートを行い、いつ起きるかわからない災害に備えること、正しく怖がること、それらを忘れないことが大事だと痛感しています。

そして、防災で重要なのはやはり一人ひとりの危機への意識と有事の際の避難行動にあるといえるでしょう。

大島町では各家庭にヘルメットと防災無線機を貸し出しています。防災無線は島内のあちらこちらに設けられた屋外拡声器と連動していて、船の欠航や変更、時報といった日常生活の情報から、断水、医療センターの最新情報、火災発生、気象情報など島民や観光客など島に滞在しているすべての人が知っておかなければならない情報を随時、伝えています。無線機を戸別に貸し出すのは、屋外拡声器だけでは暴風雨が激しい場合に屋内では聞こえにくいことがあり、また耳の遠いお年寄りへも確実に伝えることを考えてのものです。島民はこの防災無線からの情報をもとに、避難指示などが出た場合は迅速に行動するよう求められます。避難指示は自主的なものなので、自宅で待機する人たちも少なくありません。多くは「これくらいなら大丈夫」とこれまでの経験値から判断します。でも、私はまだまだ島民として初心者。経験値もあまりないので、常に最悪の状況になるだろうと予想して行動しています。

私個人としての常備は、まず避難時にすぐに持ち出せるデイパックに入れた防災&生活グッズ。さらにひとりで1週間程度をサバイバルできる飲料水と食料、生活用品を備蓄しています。これらは都心で暮らしていたときから心がけていたものです。また、車のガソリンは常に満タンにしておくこと、緊急避難ルートを頭に入れておくことなど、日ごろから何かあったときにまごつかないようにシミュレーションも怠りません。島に来てから購入したのが、台風時の避難用のハードなレインジャケットとパンツ、それに長靴。薄いレインパーカーでは、島の暴風雨に耐えられませんからね。普段なら選ばない赤い色にしたのは目立つため。そして背中にマジックで住所と名前を大きく書いたのは、万が一、遺体で見つかった際にすぐに身元がわかると救助の方たちの貴重な時間を無駄に取らずにすむという思いからです。

地震や津波、森林火災など世界で起こってきた自然災害の現場を何度も取材し、当時の状況なども聞いてきて実感しているのが、日ごろからの心がけと準備です。火山や台風の多い日本は常に自然災害と隣り合わせ。地震や津波の怖さを私たちはひんぱんに学んできました。大事なことは、何度発生しても、毎回逃げること。「この前は大丈夫だった」からといって、「今度も大丈夫」などということは誰にもわかりません。誰も避難していないのに自分だけというのは気恥ずかしい、格好悪いなどという気持ちもなくしましょう。からかわれても笑われても、実直に毎回、避難することです。自分が安全な場所にケガもなく無事でいることは、救援活動する人たちの負荷を減らすことにもつながります。結果、何もなかったら、「ああ、よかったね」と言って笑えばいいのですから。

先人たちの教えや専門家の皆さんの最新データをいかすのは、私たち一人ひとり。防災とは自分自身のためであり、活火山の島で暮らす人間としての義務であるとも考えています。

離島の環境問題と人間関係

ハブカフェでは開店当初、ドリンクのテイクアウトをやっていませんでした。その理由は、使い捨てのプラカップを使いたくないからでした。

伊豆大島では公共のゴミ箱の設置は非常に限られています。観光客が利用できそうな場所では、船が発着する岡田港と元町港にある客船待合所か、都立大島公園くらいでしょうか。飲み終わったカップを捨てたくても捨てられる環境ではありません。さらに、ハブカフェの目の前は港。悪気はなくても風がひと吹きすれば、空のカップはあっという間に海に飛ばされてしまいます。海洋プラスチックゴミが世界的に問題になっていますが、伊豆大島に暮らして、自分のいる場所がまさにその課題と密接につながっていることをとてもリアルに感じています。

ある日、近くのスーパーマーケットまで買い物に行ったときのこと。ふと足元を見ると、タバコの空箱と釣り客が忘れていったのか釣り糸が落ちていました。ちょっと風が吹けばこれらは簡単に海へと飛んでしまいます。釣り糸はナイロン製などの素材が主流ですから、自然には還りません。海鳥やウミガメなどが絡まる恐れもあります。港周辺に公共のゴミ箱がないこともポイ捨ての要因のひとつ（だと思いたい）ところですが、利用者のマナーも気になります。誰が捨てたかわからないタバコのパッケージと釣り糸を拾い上げ、家まで持ち帰りゴミ箱に捨てました。

伊豆大島でもゴミの分別やリサイクルは、もちろんしっかり行っています。ただ、島内にペットボトルをリサイクル処理する施設はありません。事業所や家庭から分別・排出されたペットボトルは、「大島エコクリーンセンター」という施設に集められ、圧縮・梱包されたあと、船で島外の処理施設に運搬されます。

その運搬作業が行われるのが、実は私が暮らす波浮港なのです。港を歩いていると定期的に圧縮されたペットボトルが積み上げられているのを見かけます。高さにして2～3メートルほどでしょうか。ぎっしりと梱包されたペットボトルの量を見ると、これが日常で排出される量なのかとひるみます。当然、この中には島を訪れた観光客の皆さんが使ったものも含まれています。通常のリサイクル処理よりも、さらに海上輸送というもうひとつのエネルギー負荷がかかる離島の現状。私もその当事者です。ペットボトルの水などは活火山の島であり台風被害や豪雨災害が起こることも多い伊豆大島では備蓄としての必要性もあります。だから、正しく最低限に使う。まずはそこからスタートすることが大事だと思っています。

できることから、ということで私が行っているのが、出かけるときはマイタンブラーを持参する、エコバッグを使う、無駄な個包装は断るようにする、お弁当などテイクアウトはせずに店で食べるなど、意識的にペットボトルやプラスチック素材のものを使わないように心がけること。さらにハブカフェでも一歩踏み込んで環境改善をしようと、開業2年目に入ったタイミングで、マイカップ&マイタンブラー持参のお客さまに限りドリンクのテイクアウトを始めました。店内でタンブラーの販売もスタート。購入意欲を上げてもらうため、特典としてテイクアウトのドリンク1杯をサービスしています。タンブラーを持たずにテイクアウトをしようとご来店の方には申し訳ないと思いつつ、「島の自然環境を守るため使い捨て容器は使わないんです」と説明すると、「ああ、そういうことですか」「そうですよね、わかります」とご理解いただけることがほとんど。最近はうちのシステムをよく知っている島の常連の方たちは、サッとマイタンブラーを出して注文してくれるようになってきました。店ではこれまでに数十本のタンブラーの販売実績があり、これからも継続するつもりです。島全体でのサスティナブルな仕組みになっていくといいなぁと、願っています。

島民たちもそれぞれ島の環境美化に取り組んでいます。カフェ仲間でもある女性オーナー2名による「島ぐらしカフェ chigoohagoo」さんはエコ&サスティナブルな活動に積極的で、定期的にビーチクリーンやリユースを促すフリーマーケットを開催。伊豆大島を愛する彼女たちが地道に継続する活動に心から賛同・応援しています。

また、伊豆大島のライフセービングクラブやダイビングショップの有志もビーチクリーンを随時、行っています。彼らの活動報告を見ると、本当にゴミの量の多さ、種類の複雑さに驚きます。ペットボトル、発泡スチロール、漁具、空き缶などなど。海岸に流れ着くゴミはどれだけ清掃してもなくなることはありません。それでも、参加者が島をとりまく環境に目を向け、意識するきっかけになっていると思います。

ゴミ箱の課題解決としては、島内の主要観光スポットにある公衆トイレに併設すると有効なのではと個人的に考えています。波浮港だけでも3カ所の公衆トイレがあります。私が拾ったタバコの空き箱も、ゴミ箱があればポイ捨てされなかったかもしれません。マナーも含め、伊豆大島のクリーンな環境を少しずつ改善したいものです。

都心を離れて地方に移住、しかもそれが離島だと話すと、多くの方が「田舎ぐらしって大変そう」「自治会とかいろいろやらないといけないんでしょ」と聞いてきます。その答えはイエスでありノーです。もちろん、伊豆大島でもご近所付き合いや住んでいる地区のお付き合いはあります。でも、これは大都会でもあること。島で暮らすことを決めた際、多かれ少なかれ周囲の人とのお付き合いはあって当然だし、逆に積極的に関わっていこうと考えていました。

その理由は、島で暮らしていくために知らなければいけないことは多々あり、それらは長年暮らしている方々から教えてもらうのが最も簡単だということ。また、文化や歴史などジャーナリスト的視点で知りたいことも山ほどあったからです。長く取材をしてきた経験から導き出されたのが、「わからないことは地元に聞け」。だから、どんどん周囲の人に声をかけ、私の存在を知ってもらい、認めてもらうことに注力しました。その中でお声がけをいただき入会したのが、波浮港婦人会です。

波浮港婦人会は、その名のとおり波浮港に暮らす主婦・女性陣で成り立つ互助会のようなものです。定期的に波浮港周辺の清掃、草取り、公衆トイレ掃除などを行うほか、祭礼や夏祭りといった行事・イベント時に屋台を出したり、運営を手伝ったりしています。私が最もお世話になっているのがKさんで、彼女も波浮港を愛するひとり。自ら積極的に清掃にはげみ、笑顔を絶やしません。「寺田さん、できるときでいいからねー」と草取りや階段掃除の際も、私の事情を考慮して声をかけてくれます。「きれいにした場所を維持するのも大変だけど、地域の方々のお褒めの言葉がエネルギーになってがんばっています」。そんなメールをくれたこともあります。私のような移住者に対しても裏表なく接してくれるKさんの存在が、より婦人会で積極的にお手伝いしようと思わせる原動力になっています。

また、波浮港には自治会はなく、自治会費を徴収されることもありません。ちなみに婦人会は年１０００円の会費を払いますが、それは清掃時の休憩で出されるドリンクやお菓子代などに使われます。どこかで災害が起きたときには募金にあてることもあります。大島町消防団は本部の下に各支部があり、現在、定員４１４名に対し実員が２５１名。大島町の住民で18歳以上なら男女問わず入団できます。任意なので無理やり入団させられることはありませんが、高齢化で定員に達していないのが実情です。

思えば調布市に実家があったとき、回覧板やら赤十字の募金やらとご近所さんからあれこれとお知らせが回ってきたのを覚えています。田舎から届いたといって果物や、旅行に行ったからとお土産などを持ってきてくれたり、母親もちょっと手伝いにと、どこかへ出かけていくこともよくありました。この歳になって同じことを島でやっているのだと思えば納得。そうやって相互の人柄や個性を知り、細く長くご近所付き合いをすることはとても自然なことだとしみじみ感じています。

島の友人たち

伊豆大島に暮らす前から何度も島通いするうちにたくさんの出会いがあり、友人たちができました。大島生まれの人もいれば、外から来た人も、また、一度、島を離れたあとにUターンしてきた人も。島ぐらしを始めてからも仲よくしてもらっています。また、カフェを始めたことで、新しいご縁もできました。

あらためて感じているのは、年齢も属性も異なりながら、思いをともにする人たちとの新しいつながりの持つ可能性でした。カフェに来られる方たちに、私がトラベルジャーナリスト「でも」あることを積極的に言うことはありませんが、不思議なことに面白いバックグラウンドを持った多彩なお客さまが集まります。偶然、カウンターで隣同士になり、カフェで出会い、その後、仲よくなって友人としてつながった女性客の方もいれば、近所だけれどずっと会っていなかった同年代の方同士で一気に話に花が咲くなんてことも。観光で来られたお客さまも島民の方も、ハブカフェでのコミュニケーションを新鮮に感じ、楽しんでいるようです。

トラベルジャーナリストとして、これまでは興味ある場所や人のもとへ自ら訪ね、取材をしてきましたが、カフェという場所があることで人が集い、新しい関係性が生まれる手応えは想像以上でした。それぞれ個性があり魅力的な人たちが、きっかけがないばかりにつながることがなかった事実。それが島でも「何もない場所」といわれてきた波浮港で芽生え始めてきた喜びを強く感じています。近ごろは島内で古民家の活用という機運も生まれているようで、波浮港周辺で古い家を探している方が増えています。伊豆大島が大好きで、将来、自分の子どもたちが島で生き生きと暮らしていけるような魅力ある場所にしていきたい、今よりも、より自然の中で暮らしやすい環境にしたい——。そういう熱量を持った人たちが島内、島外関係なくつながり合って新しい可能性を生み出してくれることに期待を抱いています。

【千葉努・れみさんご夫妻】

千葉さんご夫妻は、長くお付き合いしている友人です。14、15年前、伊豆諸島への定期航路を持つ東海汽船が伊豆大島の観光促進プロジェクトを行っていたときがありました。そのお手伝いをさせていただいた際、知人から紹介されたのがきっかけでした。

れみさんは伊豆大島生まれで、努さんは横浜出身。2人でトウオンデザインという会社を運営し、ウェブデザインや各種プランニングの企画・運営などを行いながら、伊豆大島を応援しています。2人のお子さんのお母さん、お父さんでもあります。努さんはトウオンデザインのほか伊豆諸島の島々の魅力とメガ都市・東京都のポテンシャルをつなげ、未来へと継承することを目的とした（株）TIAMを設立。伊豆大島のコワーキングスポット（場所に縛られず多様な利用者が協働・交流しながら仕事をするスペース）の管理やそこでのイベント運営などを幅広く手がけています。一般社団法人大島観光協会の専務理事も務めるエライ人でもありますが、いつもニコニコと温厚で頼りになる存在です。一方、れみさんも伊豆大島・ハワイ島親善交流協会（伊豆大島とハワイ島は姉妹島盟約を結んでいます）の広報活動などを手がけ、島のイベントや親善交流に尽力してきました。

この2人の魅力は、島ぐらしを満喫しながらも最新のデザインやアート、トレンドなどに敏感でいること。伊豆大島の店舗のデザインやウェブを任されたりと、今や島の経済的・文化的な活動にとって重要なキーパーソンです。私の営むハブカフェに立ち寄ってくれることもしばしば。最新の島の情報交換や、新しいメニューの試食をお願いしたり、アドバイスをもらったり

▲ 横浜出身の千葉努さん（右）と伊豆大島生まれのれみさんご夫妻

と、協力をしてもらっています。

高速ジェット船で都心まで1時間45分というアクセスを誇る伊豆大島は、まさに彼らのように最先端とローカル両方のよさを享受するライフスタイルに、とてもマッチングする場所だと感じています。最近は二拠点や多拠点で仕事をしながら暮らすことを選ぶ人も全国的に増えています。伊豆大島でもそんな方たちの姿を見かけますし、「島ぐらしってどうですか?」という質問もよくされます。

会社に通勤する必要のない仕事だったり、ちょっと人生を変えてみたくなったりしたら、気軽に行き来できる伊豆大島に暮らすという選択肢も「あり!」。そう力強く答えています。

【吉本浩二さん】

吉本浩二さんは波浮港生まれ。東京都内の一流アパレルで働いていましたが、家族とともに故郷にUターン。「青とサイダー(通称:青サイ)」というゲストハウスや、「高林商店」というお店を経営しています。地元での友人も多く、ムードメーカーの彼のもとには伊豆大島を拠点に新しいライフスタイルを目指したり、スタートアップをしたいという熱量ある若手たちが集まっています。

吉本さんが伊豆大島に戻ってきたのは、29歳のとき。島のベテラン漁師で知られていたお父さんが水難事故にあったことがきっかけでした。幸いにもご無事だったのですが、何かあったときにそばにいられないことがあったら自分が後悔する――そう思ったそうです。当初、元町の古いビルを活用したゲストハウスを営んでいましたが、自分が生まれた場所への愛着もあって、波浮港を拠点とすることを決意。「青とサイダー」というユニークでさわやかな名前のゲストハウスを立ち上げます。実は青サイは開業直後の2019年、台風により甚大な被害を受けました（112ページ参照）。その後、クラウドファンディングで多くの支援が集まったのも、吉本さんと信頼ある人間関係を築いている人たちがいたからこそ。宿泊施設があまりなかった波浮港エリアに滞在する観光客を呼び込むきっかけにもなってくれました。

その災害時、青サイの隣にあった明治から営業する高林商店が同じく大規模な被害を受けました。高齢の店主は吉本さんに引き継いでほしいと頼み、その依頼を受けてこちらも改修。現在、吉本さんは五代目店主として高林商店も切り盛りします。

常に先を進んでいこうとするチャレンジャーである吉本さん。２０２３年には高林商店の下に「泊まれる酒屋」をコンセプトにした一棟貸しの宿「火とお酒」をオープン。そして、なんと伊豆大島初となるクラフトビール造りにも取り組んでいます。マイクロブリュワリー工場設置から酒造免許やビール造り技術の習得など、ペーパー

▲ 家族とともに伊豆大島にUターンした吉本浩二さん

ワークから実技までハードルはなかなか高そう。それでもがんばっている姿からは、吉本さんにとって「自分をワクワクさせよう、まわりを楽しくさせよう」というパッションが原動力なのだと実感します。

来るたびに何かあたらしい空間が生まれている。波浮港は伊豆大島で最も「ホット」な地区になりつつあります。その中心となっているのが吉本さんたち若手世代です。

【山口健介さん】

「青とサイダー」のオーナーの吉本さんのひとつ下の幼なじみが、山口健介さん。波浮港を面白くするもうひとりのキーパーソンです。彼が2020年にオープンした一棟貸しの宿「露伴」はそれまでの波浮港のイメージを刷新するほどインパクトのあるものでした。「インスタ映えする」と滞在したゲストの多くが画像を上げているのが、3面を本がぎっしりと並んだ書架に囲まれ、中世のヨーロッパを思わせるゴシックなムードのラウンジ。驚くのはこれを山口さん自身がつくっていることです。DIYが趣味だったこともあり、自分の思い描いている世界観を表現しようとしたわけです。それにしてもセルフビルドできるとは、すごいことです。彼もまたUターン組です。高校を卒業後、島を離れていましたが27歳のときに奥さんの薫さんと当時2歳だった娘さんを連れて戻り、福祉施設に勤務することに。「露伴」を始めたきっかけは幼なじみの吉本さんの存在がありました。２０１９年の台風で、吉本さんの宿「青とサイダー」が大きな被害にあった際、周囲の仲間とともにその改修の手伝いに関わり、力量を発揮。吉本さんが宿の運営に奮闘している様子を身近で見ているうちに、「自分もできるのでは」と思い始めます。その気持ちが伝わったのか、「露伴」の物件となる古民家を紹介されるという奇遇を得ます。自分の生まれ育った波浮港で何かやりたい――その思いが結実したわけです。

「露伴」という名前は、明治から昭和にかけて林芙美子、三島由紀夫、宮沢賢治、東郷青児、棟方志功など数多くの文人墨客が波浮港を訪れ、その中に幸田露伴もいたという歴史へのリスペクト。また、マンガ『ジョジョの奇妙な冒険』の岸辺露伴というキャラクターが好きだったことにも由来するそうです。文豪たちの小説から人気のマンガまで、重厚なラウンジで読書に浸ることができる稀有な宿が「露伴」です。

２０２３年、ハブカフェがある波浮港・中通りに山口さんが新しい一棟貸しの宿「五十番」と、その向かいに純喫茶「モンマルトル」をオープンしました。五十番は以前そこにあったラーメン屋の屋号で、屋根裏的な３階部分を持った古民家。今回も山口さん本人と仲間の施工関係者たちでつくったものです。波浮港のレトロな雰囲気を壊さないまま、内部を快適に改修。それまで一般の観光客が宿泊できる宿がなかった中通りに、「滞在する」要素を生み出してくれました。

向かいの「モンマルトル」は名前のとおり、芸術家に愛されたパリのモンマルトルをイメージ。文人墨客が訪れた波浮港へのオマージュでもあり、ゴッホの作品に寄せたインテリアが斬新です。カレーなどの食事メニューがあり、まだまだ飲食店が少ない中通りに、選択肢がひとつ増えたことはとても大きいです。モンマルトルはハブカフェの３軒隣り。お店に来たお客さまから「こんなにすぐ近くにライバルができて大丈夫なの？」と聞かれますが、答えは「ぜんぜん」。それまでは寿司屋かコロッケか、

◀ 一棟貸しの宿「露伴」のラウンジ

はたまたハブカフェか、という選択肢しかなかったところに食事ができる店が増えたのですから、ありがたいことです。週末などは満席でお断りすることもあったので、その場合に「もう1軒あるので」とモンマルトルを紹介することもできます。もちろんその逆も。こうやって食事や滞在する機会が増えることで波浮港の空間をより幅広く体験してもらうことができます。

すでに新しい宿泊施設や店舗の計画なども動き出している中通り。これからの新しい可能性に期待しています。

島ぐらしが気づかせてくれたもの

伊豆大島に住民票を移したのは２０２０年。翌年、ハブカフェを開業。年齢も50代から60代に突入し、気ままなひとりぐらしは変わらないものの、日常生活や環境は変化しました。

最も大きかったのはやはり新型コロナウイルス感染拡大という前代未聞の出来事でした。移住を決めたのとほぼ同じタイミングで緊急事態宣言や東京都からの要請などがあり、日常の活動も抑制。島の人に聞くと、観光客数も通常よりも激減したそうです。２０２３年になって諸々の規制もなくなり、ようやく本格的に島の暮らしが戻ってきたことを実感しました。４年ぶりの地元の夏の祭礼や盆踊りなども復活。島の中心の元町港で開催される花火大会と縁日もほぼいつもどおりの様子で行われました。

カフェも開業以来、地元の友人・知人、ご近所さんなど、ご来店されるたくさんのお客さまとのご縁で少しずつ育ててもらいました。

波浮港・中通りはそれまで、昭和レトロな街並みを写真に撮り、あとは名物の揚げ立てコロッケを食べるか、お寿司を食べるくらい。パッと立ち寄ってサッと去る、そんな観光スポットでした。実際、立ち寄るお店もなく、それくらいでちょうどいい場所だったと思います。そこにハブカフェができたことで、人が集まるようになりました。まだコロナ禍の影響が残る2年目の2022年だけでも1年で3000人超え、翌23年は3600人以上のご来店がありました。それまで何も生み出さなかった空き家という空間がそれだけの人たちを集客し、島にお金が落ちたことは大きいと思っています。私がカフェをやろう、住もうと思ったのも、波浮港という伊豆大島の中でもちょっとユニークな場所だからこそ。この土地の持つ磁場のような魅力が、自分も含めてさまざまな人たちを引き寄せているように感じるのです。

実際、観光で来て気に入り、「スケジュールを変更して波浮港でほぼ過ごしました」というお客さまや、何度もお越しになるリピーターの島好きの方もいます。私が島と本土や地方を行ったり来たりすることを話すと、「住んでもいいかも、いい空き家ない？」と聞いてくる方もいます。自宅でのリモートワークや、旅先で仕事をするワーケーションといった概念が定着したこともあるでしょう。

波浮港には東京都立大島海洋国際高校という都立として唯一の全寮制の高校があります。多感な3年間を港周辺で過ごした彼らは波浮港という場所に特別な思い入れがあり、社会人になってから再訪するOGやOBも少なくありません。現役の生徒たちは下校時、ハブカフェに立ち寄ってマフィンなどをテイクアウトしてくれるので、彼らとの会話から高校生のリアルな日常に触れることもあります。保護者や先生なども来店されるので、子育て・教育の話題を伺うこともあります。お小遣いの少ない学生たちのために学割を設定。マフィン、ミルクパンなどどれも1個100円で持ち帰りができるようになっています。卒業を控えた3年の生徒たちが「お世話になりました！」とあいさつに来てくれたときは思わずウルッとしてしまいました。彼らとの接点や成長を知るのもカフェを営んでいたからこそです。

今、島では離島留学の受け入れが進んでいます。東京都の島という特殊な環境は、

◀ 波浮港には大島海洋国際高校の実習船も停泊する

さまざまなバックグラウンドを持った家庭や子どもたちにとって新しい人生設計へのひとつのきっかけになるかもしれません。それを見守り、支えてあげられる存在でいたいものです。

　ハブカフェはお子さん連れも歓迎なので、赤ちゃんや保育園に通うような小さなお子さんと触れ合う機会も増えました。そういう方たちに接してみて、子育てというのは本当に家族ごとに異なるものだということを実感しています。子ども一人ひとりがそれぞれ個性を持っているので、子育ての正解はひとつじゃない。そして、すべての

お父さん、お母さんは常に子どものことを最優先に考えているのだということも。

平日、赤ちゃんを抱っこしたママがおひとりでご来店されることがたまにあります。外が見えて赤ちゃんを脇に座らせることができるソファ席は、そんなママたちの特等席。熱々のピザトーストやホットコーヒーを美味しいうちに食べてもらいたいので、「ちょっと抱っこさせて」と預かることもよくあります。子どものいない私はあまり赤ん坊を抱いたことがないので、最初はとまどいましたが最近は慣れてきたもので、泣かれないためにひょいっと抱き上げて話しかけます。抱き重りのする幼い子はみんな生命力にあふれ、それはそれは元気。大切な島の子どもたちです。初めて見る私の顔を不思議そうにじっと見つめる子も。その様子を見ながらソファでくつろぎ、コーヒーを味わい、雑誌をパラパラとめくってひと息つくお母さん。ほんの短い時間でも、日々、忙しく子育てや家事に追われる彼女たちにとってやすらぎのある時間であれば、と願っています。

私がトラベルジャーナリストだと知った島の学校の先生からは、生徒たちに世界に

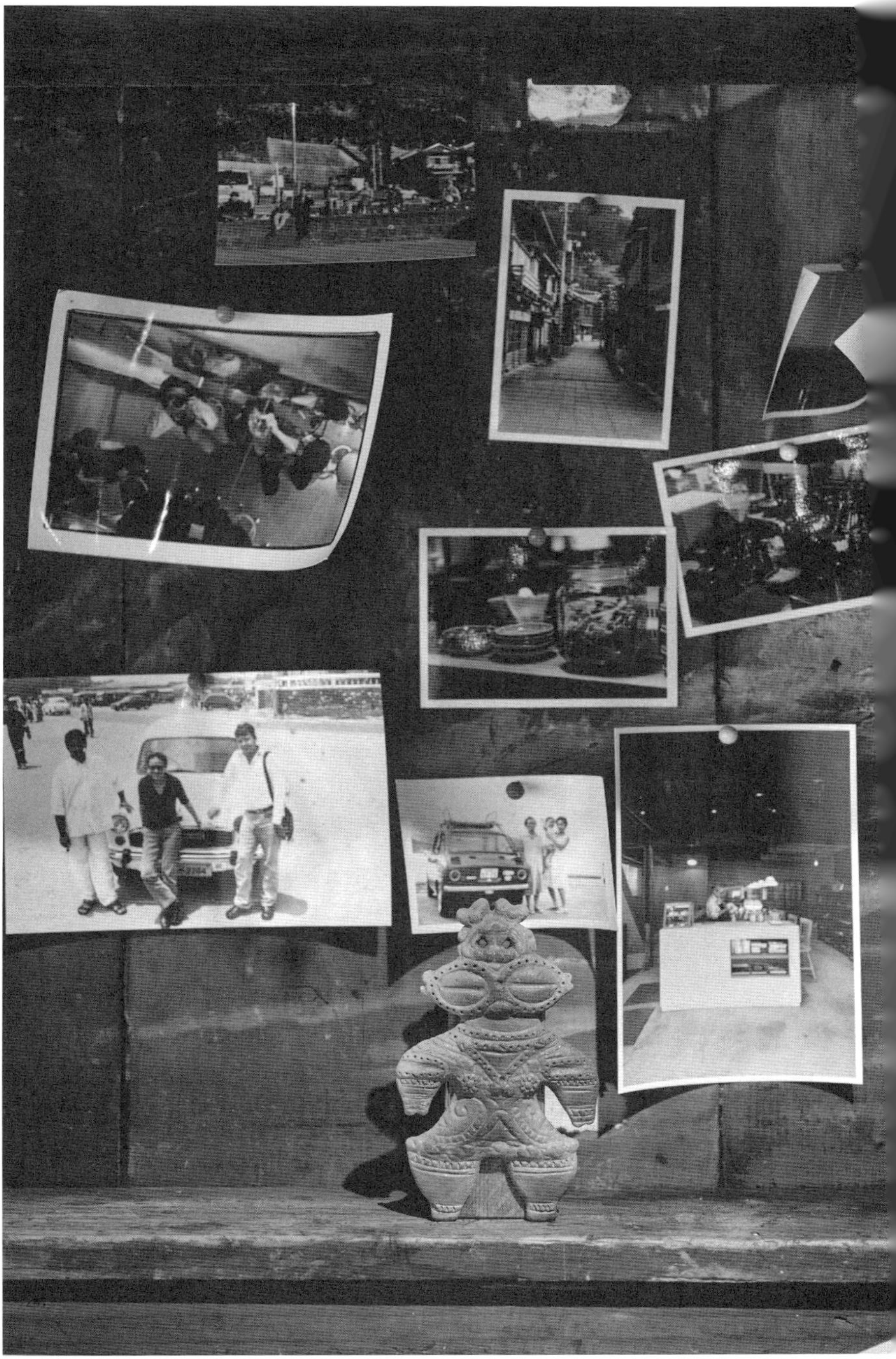

ついて話す機会を何度かいただきました。

都心を拠点に活動していたころも世界や旅について数多くの講演をしてきましたが、聴き手の多くは観光業界の関係者や、旅好きな一般の方々ばかり。小学生や高校生などに話すのは私も初めての経験でした。

これまで小学5年生に世界の食について学んでもらったり、ＰＴＡからの依頼で中学校の全生徒の前で、さらに高校の定時制でも世界について授業をさせてもらいましたが、いつもよりわかりやすく、かつ飽きさせず興味を持ってもらえるような内容にすることは新しいスキルを磨くきっかけともなり、とても勉強になりました。いずれも、これまでのトラベルジャーナリストとしての私の生活にはなかった出会いとご縁ばかり。島ぐらしを始めたことで人生の振り幅が増え、大きく視野が広がりました。

マスコミの取材もたくさん受けました。雑誌、ラジオ、ビジネス経済誌のほか、人気ユーチューブや海外メディアもいくつか。観光の紹介だけでなく、「島ぐらし」「二拠点生活」「地方再生」などをテーマにした企画も多く、コロナ禍を経て自分らしい生

◀ 島での交流が日々を豊かにする

き方を模索し始め、島民ライフに興味を持つ人が増えているのでしょう。いずれにしても、伊豆大島が大きく取り上げられることは島のPRにも大きく影響を与えていると感じています。

テレビドラマ『東京放置食堂』のロケ地に波浮港が選ばれたことも大きなインパクトでした。約2カ月にわたり30人近くの撮影チームが島に滞在するだけでも宿泊、交通、食事などの経済効果があったことは間違いありません。SNSでも伊豆大島、波浮港などのキーワードが好感を持ってトレンドに上がるなど、島の認知度もアップしました。撮影終了後、プロデューサーの方から、「ハブカフェがなかったらこのドラマは、伊豆大島では撮りませんでした」と言ってもらいました。いい結果になるかどうかはわからないけれど、偶然、訪れたチャンスを逃すことなくつかまえること。たとえ失敗だったとしても気づきがあるはず。そこから学習して次回のチャレンジにつなげればいい。店を営んで知った思いです。

都心からアクセスがよく、大自然の絶景や裏砂漠のような神秘的な場所も多くある伊豆大島は、プロモーションやドラマ、映画など各種撮影に最適です。今までも数多くのアーティストやコマーシャルの作品づくりに活用してもらっていますが、今後はさらに島としてバックアップを積極的に行いPRにつなげることを望みます。

カフェのオープンから約4年、移住してから5年ほど。島民としてはまだまだ何も知らない、わかっていないことだらけですが、ここまでいろいろとやってこられたのは間違いなく周辺の友人・知人、島の人たちがいたから。そして、さまざまな年齢、属性の幅広いお客さまとの出会いが、私に新しい視点や気づき、学びを与えてくれました。これからも、カフェの運営とともに伊豆大島ぐらしを模索する日々。どんな出会いがあるか楽しみで仕方ありません。

それにしても、普通ならリタイアする年齢の60歳を過ぎ、これほど未知数でドキドキする刺激的な島ライフを過ごすことの、なんと楽しいことでしょうか。伊豆大島に移ってみて正解だったとかみしめる日々です。

浮港見晴台

おわりに

～そして旅は続く～

40歳に近づいたころ、自分自身に問いかけてみました。

「子どもは本当に欲しくないのか」

独身で仕事が楽しいため、結婚もせずにきたので子どもを産むという選択はそれまでしてきませんでした。でも、40代になれば「産むのか、産まないのか」と、それまでは選択できたことがそろそろできなくなるタイムリミットを感じ始めます。そこで自分に最終的に確認をしたというわけです。

結論は「子どもを持たない人生でいい」というものでした。

幸運にもやりがいのある仕事を得ることができ、私の人生は「子どもを授かり、育てていくこととは別の目的を与えられている」と思うようになっていました。物書きという表現者としてその恩恵を社会のために役立て、全うするのが私の役割なのではないかと。

結婚し、子どもをもうけ家族を持つ。それはかけがえのない体験でしょう。私もそうなっていたらまったく違う道を歩んでいたはずです。日々、奮闘しながら子育てをする大変さと尊さを生きがいとして暮らしたかもしれません。でも、私はそういう人生とは異なる生き方を与えられたのだとずっと感じていました。今も独身でいるわけですが、当時の決断を後悔することはまったくありません。以前よりもさらにひとりで生きていくことを大いに楽しみ、物書きとしてライフワークとするテーマを追いかけていくことの充実感と達成感に満たされています。

「高齢になり身体が不自由になったときに不安はないのか」と聞かれることがあります。もちろん不安です。でも、予測できないことに気をもんでいても人生は何ひとつ変わらない。そうなったときのためのささやかな貯蓄や遺言状作成など、事前にやれることはやったうえで、残りの人生をおおらかに生きていくほうが自分らしいと思っています。伴侶や子どもがいても最期はひとり。そう達観すれば、ひとりぐらしもそんなに悪いものではないと思えるのです。

ひとりで生きていくうえで私の支えとなっているのが、40年超えの圧倒的な旅体験であることは間違いありません。文化も生活習慣も、もちろん言語も異なる国々を訪れることは、感動的な出来事もあれば、ハプニングも多々あります。ホテルや航空券の予約が入っていない、なんてことはよくあること。バスや電車が到着しない、行き先が違う、自分の予約席に知らないおじさんが座っている……。スリにあったりケガをしたりといった突発的なアクシデントに見舞われることだってあります。それらをすべて解決するのは自分自身。自分で切り開いていかないと何も解決しないということを身をもって経験してきました。交渉、クレーム、泣き落としなど。状況や相手を見て問題を解決していくスキルだけはかなりハイレベルだと自負しています。

世界中のたくさんの人たちとも出会い、コミュニケーションしてきました。ハリウッド俳優やトップアスリート、ミシュランの星を持ったシェフやアーティストといったセレブたちもいれば、南の島の子どもたちや市場のお母さんたち、そしてヴェニスの家具職人や、英国の一流ホテルのスタッフなど。列車に乗り遅れ、見ず知らずの人たちと一緒の車でルクセンブルクからパリまで戻ったこともあります。ときに怒ることもありますが、不思議と記憶に残るのは、親切にしてもらったり助けてもらったりというありがたい出来事ばかり。一期一会の旅先での出会いの中に一生忘れることのない人のぬくもりと優しい記憶、感謝の思いがぎっしりと刻まれています。それこそが私という存在の根幹であり、ほかの誰にもない個性です。

私がハブカフェでさまざまな属性のお客さまとの会話が楽しめるのも、すべてはこうした経験の蓄積があるからこそ。頭の中にたくさんの事例、話題、情報の引き出しがあるので、相手に合った内容を取り出していけば自然と会話が成立していきます。もちろん、お客さまから教えてもらうこともたくさんあります。島の暮らし、自然環境、子育て、そして、歳を取るということ。それらの新しい知識もまた、少しずつ積み重なって私の人生に深みを与えてくれます。

だから、皆さんにこう伝えたいのです。

「たくさん旅をして、たくさん人に出会い、たくさんの思い出をつくっておくと、人生は楽しくなりますよ」

海外でなくてもいいんです。身近な場所から始めればいい。出会いはご縁さえあればどこにいてもあるもの。あれこれ失敗しても、それも経験です。失敗は、そこから学び、スキルアップするために欠かせません。

美術館に行ったり映画館で映画を観たり、本を読んだりして自分の興味を深掘りすることもおすすめします。小説や映画に登場した場所へ行ったりするのもいいでしょう。そうやっていくうちに自分好みの、自分らしい旅スタイルになっていくのを肌で感じるはず。頭の引き出しが誕生した瞬間です。そうなったらあとはシンプル。旅スタイルの精度を上げ、引き出しをどんどん増やしていくだけです。

私の島ぐらしも、旅が導いてくれた結果だと思っています。フリーランス、ひとりぐらし、コーヒーが好き、自然が好き、人と接するのが苦手ではない、どこでも寝られる。こんな風に自分らしさ、自分らしい生き方を続け、探っていたらいつのまにか伊豆大島が視野に飛び込んできました。そして、最高のタイミングで気になっていた古民家を手に入れるというミラクルが起きました。消去法でも無理やりでもない。実に自然に島ぐらしというライフスタイルがパズルのピースのようにパチリとはまった、そんな思いでいます。

もちろん、こんな私のやり方は誰にでも当てはまるものではないでしょう。伝えたいのは、自分が心地よいと思う生き方を追求することの面白さ、楽しさ。ライフスタイルの多様性に気づくことで見つかる無数の可能性です。それをつかみ取るかどうかは、まさに自分次第だということです。

人はそれぞれこだわりがあるもの。そのこだわりや、「好き」を突き詰めていくうちに自分が落ち着く、心休まる場所がいつか見つかるはず。そのときの出会いのためにするべきことは、自分を見つめる客観性と、周囲とつなぎ合うしなやかさを持つこと。私の場合はすべて旅から学んできました。これからも旅は続いていくでしょうし、新しい出会いのステージが訪れるかもしれません。それまではここ、伊豆大島で「東京、なのに島ぐらし」を心から楽しんでいこうと思っています。

寺田直子（てらだ・なおこ）

トラベルジャーナリスト、ハブカフェオーナー。東京都生まれ。旅歴約40年、訪れた国は約100カ国。ホスピタリティビジネス、世界の極上ホテル&リゾートにも精通し、雑誌、週刊誌、ウェブ、新聞などに寄稿するほか、ラジオ出演や講演など多数。2013年、第13回フランス・ルポルタージュ大賞インターネット部門受賞。JATAツアーグランプリ審査員（〜2018）。著書に『ホテルブランド物語』（角川書店）、『ロンドン美食ガイド』（日経BP社、共著）、『泣くために旅に出よう』（実業之日本社）、『フランスの美しい村を歩く』（東海教育研究所）など。伊豆大島を拠点に執筆のかたわら「ハブカフェ」を運営している。

《参考文献》

・日本の島ガイド SHIMADAS シマダス（公財）日本離島センター
・伊豆諸島を知る事典／樋口秀司（編）東京堂出版
・地球の歩き方島旅15　伊豆大島 利島　Gakken
・伊豆大島ジオパークガイドブック　伊豆大島ジオパーク推進委員会

撮影協力　石森貴巳子（表紙カバー、P. 2〜3、7、44、68、82、86、91中左、94〜95、99、102、136、170、172、188、198〜199、207、241、246〜247）

※この本は、WEBマガジン「かもめの本棚」に連載した「伊豆大島ぐらし」を加筆してまとめたものです。
※掲載している情報は執筆当時のものです。

東京、なのに島ぐらし

2024年10月23日　第1刷発行

著　者　寺田直子

発行者　原田邦彦

発行所　東海教育研究所
〒160-0022　東京都新宿区新宿1-9-5
新宿御苑さくらビル4F
電話 03-6380-0494　ファクス 03-6380-0499
eigyo@tokaiedu.co.jp

印刷・製本　株式会社シナノパブリッシングプレス

装丁・本文デザイン　稲葉奏子

編集協力　齋藤 晋

© NAOKO TERADA 2024 ／ Printed in Japan
ISBN978-4-924523-47-0　C0095

JCOPY　<出版者著作権管理機構 委託出版物>
本書の無断複製は著作権法上での例外を除き禁じられています。複製される場合は、そのつど事前に、出版者著作権管理機構（電話 03-5244-5088、FAX 03-5244-5089、e-mail: info@jcopy.or.jp）の許諾を得てください。

乱丁・落丁の場合はお取り替えいたします
定価はカバーに表示してあります

かもめの本棚

WEB連載から生まれた本

フランス観光開発機構の推薦に基づき厳選した30の村々に加え、バラの村・ジェルブロワや愛らしい家並みが続くル・ベック・エルアンなどパリからアクセスがよい北西部の風光明媚な5つの村を新規取材で書き下ろし。アクセスや訪問ガイドも充実。“旅のプロ”によるフランスの通な紀行エッセイ。

増補版 フランスの美しい村を歩く
寺田直子 著　四六判　280頁（カラー102頁）
定価2,200円（税込）ISBN978-4-924523-07-4

イタリア在住20年以上の著者が、忘れられない30の美しい村をセレクト。「イタリアの最も美しい村」協会推薦本。

イタリアの美しい村を歩く
中山久美子 著　四六判　256頁（カラー107頁）
定価2,200円（税込）　ISBN978-4-924523-35-7

旅先で出会った感動の味を再現する『旅の食堂ととら亭』。オーナー夫妻が追いかけ続けている世界のギョーザをめぐる旅と食のエッセイ。

世界まるごとギョーザの旅
久保えーじ 著　四六判　256頁（カラー33頁）
定価1,980円（税込）ISBN978-4-486-03902-0

これまでに訪ね歩いた醤油蔵は全国400蔵以上！醤油のセレクトショップを営む著者が出会った45蔵を厳選。シンプルレシピ付き。

にっぽん醤油蔵めぐり
高橋万太郎 著　四六判　272頁
定価1,540円（税込）ISBN978-4-924523-04-3

各地の味噌蔵を探訪している著者が訪れた100カ所以上の中から厳選した50蔵を紹介。おすすめ味噌のほかバラエティー豊かなレシピも紹介。

にっぽん味噌蔵めぐり
岩木みさき著　四六判・並製　248頁（カラー32頁）
定価2,200円（税込）ISBN978-4-924523-45-6

WEBマガジン好評配信中！

公式サイト　かもめの本棚　検索

公式